Xinhuo Xiangji

Nanfang Baoye Shezhang Zongbianji Koushushi

薪火相继

南方报业社长总编辑

口述史

第二辑

吴自力　曹轲　罗永新　编著

经济日报出版社

序

INTRODUCTION

改革开放以来，南方报业以《南方日报》为母体，不断发展，衍生出《南方农村报》《南方周末》《南方都市报》《21 世纪经济报道》……从一棵树到一片林，从一家报社变成一个报业集团，逐渐成长为一家国内领先，乃至在国际上有一定知名度的传媒集团。

风正帆悬之际，总是免不了要“瞻前顾后”。2012 年底，为传承南方报业发展基因，弘扬南方报业历史文化，南方传媒学院向集团提出申请立项“南方报业社长总编辑口述史”。旨在通过对离退休南方报业社长总编辑的访谈，记录他们任职南方报业领导时的经历和事迹，努力再现南方报业一甲子多的峥嵘岁月，留下一份难得的南方报业、广东报业乃至中国报业发展的实录。同时，该项目的开展，也将有利于南方报业继承优秀文化传统、发挥改革创新精神，对整个集团凝聚共识、转型发展有促进作用。

我们认为，“南方报业社长总编辑口述史”意义有三：一是历史学价值。南方报业的历史，就是广东的发展史，也是中国发展的一面镜子；以小见大，以一隅窥天下风云，南方报业社长口述史有着极高的史料价值。二是新闻学价值。南方报业六十多年弦歌不辍，历史和现实都已经充分证明其在中国新闻史上的独特地位；云山珠水，岭海领潮，南方报业历届掌舵人的口述史不仅是时代的见证，更是新中国新闻发展的缩影。三是社会学价值。社会风云变幻，南方报业始终站在时代潮头，哪怕是一点一滴的进步，背后被撑开的都可能是重逾千钧的压力。时代如何破冰前行，作为新闻的亲历者和新闻事件的见证人，南方报业社长总编辑口述史无疑提供了一个极佳的视角。

最值得庆幸的是，提出该建议时，南方报业的两位奠基者，即《南方日报》的两位主要创办者——杨奇（创刊副社长）和曾彦修都还在世。2015 年 3 月 3 日，《南方日报》首任总编辑、第二任社长曾彦修在北京去世，享年 96 岁。曾老的去世，让我们深切体会到抢救历史的迫切性和重要性。

2015 年我们出版了“南方报业社长总编辑口述史”第一辑，主要记录了杨奇、曾彦修两位在南方日报任上的所作所为所感，还有陈鲁直、成幼殊伉俪的“第三方视角”。通过几位老人的回忆，可以清晰地看到：作为中共香港办报团队遗留下来的唯一集中的主干力量，返粤的华商报人经历了从中共领导下的“文人办报”转向“党委办报”的改造和自我改造，而延安来的总编辑曾彦修除带来“党委办报”的经验外，还对原华商报人进行了一番关于党报、机关报政治属性的新洗礼。正是这种南北两地办报风格的激荡与融合，为《南方日报》的发展植入独特基因。

本书是第二辑。不幸的是，由于时间的不可抗力，曾彦修、杨奇之后的南方日报老社长、老总编，诸如赵冬垠、李超、王匡、黄文俞、丁希凌、陈培等前辈均已驾鹤仙去，嘉言懿行如今已是雪泥鸿爪。幸运的是，本书的三位，张琮、刘陶、李孟昱，薪火相继，带领着南方日报从 20 世纪走进 21 世纪，也带领着南方日报从一家报社走向一个报业集团，为“南方”后来的大发展奠定坚实基础。

《南方日报》创刊以来，四个版三十多年。和其他地方的省委机关报比较而言，尽管有一定的特色，但棱角或许也并不是那么的鲜明，特点也并不是那么的突出，正是在张琮、刘陶、李孟昱的持续努力下，《南方日报》和后来的南方报业传媒集团才风生水起。

——在《南方日报》的发展上，他们各有作为。张琮，坚持在《南方日报》上开展舆论监督，每周头版刊发一篇批评报道，突出地凸显了省委机关报的权威性和影响力。刘陶，在任南方日报社社长期间，提出“一手抓报纸，一手抓‘银纸’”的经营理念，将党报走市场的理念发挥得淋漓尽致。李孟昱，在全国率先成功推行省委机关报自办发行，使全省90% 以上的乡镇当天可以看到《南方日报》。

——在系列报的培育上，张琮，1984 年参与创办《南方周末》。刘陶，1995 年主持创办《南方都市报》。李孟昱，将《南方都市报》由周报改为日报，在三年内扭亏为盈；创办《21 世纪经济报道》，按照“党委办报，经营者持股”的理念，集团连同该报经营者共持股 60%，成为全国第一家尝试建立相对规范的公司治理结构的报纸。

所有发展成果的获得，都应该归功于改革开放的时代潮流。可以说，没有改革开放，也就没有今日之《南方日报》，也没有今日之南方报业传媒集团。

是为序。

目录

薪火相继——南方报业社长总编辑口述史

（第二辑）

CONTENTS

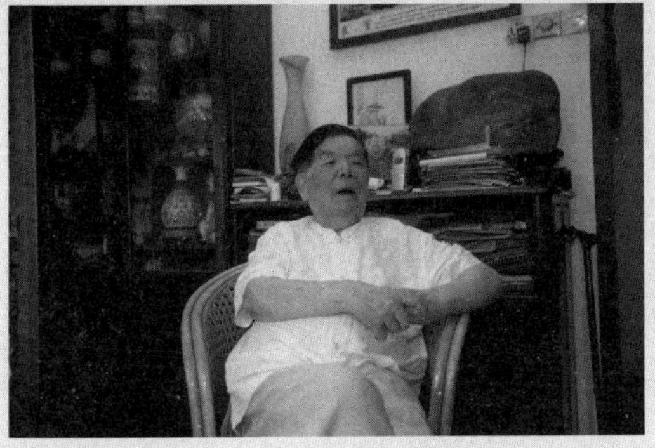

001 张 琮

重视搞批评报道，但更注重搞正面报道

035 刘　陶

一手抓报纸，一手抓“银纸”

079 李孟昱

任上做了五件事

薪火相继

——南方报业社长总编辑

口述史

（第二辑）

张琮

重视搞批评报道，但更注重搞正面报道

时　间：2013年7月16日、9月5日

采访人：曹　轲、罗永新、吴自力

摄影/视频：曾　强　柯　佳

张琮，男，1929年11月出生，籍贯广东，南方日报社原总编辑，高级编辑。享受国务院政府特殊津贴。

发表的消息、通讯、评论等作品达数百万字。1963年长篇通讯《地委书记》在全省引起强烈反响，省委专门做出“关于向地委书记余锡渠同志先进事迹学习的决定”。1984年参与创办《南方周末》。坚持正确舆论导向，勇于开展舆论监督，支持记者写批评报道，特别是对那些贪污腐化、以权谋私等违法违纪的丑恶现象，敢于公开揭露，赢得了广大干部和群众的好评。在任省记协主席期间，狠抓广东新闻评奖工作，设立“金枪奖”、“金梭奖”、“金钟奖”、“金话筒奖”，创立广东新闻人才基金会、主席基金，奖励优秀新闻人才。

一、从随军记者到党报记者

我的新闻工作是从解放前燎原报开始的。《燎原报》不是很规范，是一份随军报纸。作为随军记者，我既是编辑又是记者，部队到哪里我们就到哪里。当时报纸是刻钢板的，发行主要是靠地下交通站。

广东快解放的时候，我进了粤赣报。《粤赣报》是铅印报纸，四个版，比较正规，有编辑部、发行部、印刷厂，我还是个记者。

到 1949 年 10 月，广州解放，我就到了东江的惠州，筹办《东江日报》。《东江日报》也是铅印的，公开发行，也是比较正规的报纸，先做记者，然后是组长。

我从事新闻工作，严格来说应该是从《粤赣报》开始的。因为它是铅印的，机构也比较健全。在《东江日报》，我负责农村新闻的采访，还有照相（摄影）。当时在惠阳县土改，全省还没土改，东江日报派我们到那里采访了一年多，住在那边，有事才汇报，我陆续写了一些连载——章回体新闻——不是小说是报道，在《东江日报》上连载，讲雇农丘子勤翻身入党，后来这个报道在出版社印成书出版发行。

开始从事新闻工作大概就是这样的。

二、黄文俞真的很爱护下属

1953年到了粤东农民报，粤东农民报就在汕头，办到1956年2月底，粤东行政公署撤销，就停刊了。组织安排我进了南方日报，4月派我到南方日报惠阳记者站任副站长，1958年又调我去汕头记者站，当站长了。过了十几年才回到南方日报（总部）。

1956年3月到南方日报，总编辑是黄文俞。黄文俞，我在打游击的时候就认识他，那时候他是编辑部秘书长，经常给我们做报告。我来到南方日报之后，他是“第一把手”，我感觉这个人呢，很干练，业务能力很强，干起工作来比较厉害。

黄文俞，很有胆识，很关心爱护下级。我在惠阳记者站的时候，主要负责采访，还写了批评报道。当时刚好处于反右时期，地委秘书长要把我打成右派，报社坚决不同意，黄文俞亲自出面干涉，我因此躲过了这一劫。从这里可以看出，黄文俞真的很爱护下属，令我很感动。

三、批评报道往往是和正面报道放在一起

我做记者之后，一个是喜欢写批评报道，一个是喜欢写通讯。

通讯是我一直以来的追求，无论我去到哪边，都会选择写通讯报道。写通讯最重要是有细节，到第一现场，细节需要靠挖掘，不然写出来就干巴巴的。我写的每一篇通讯都会有几个细节。我在汕头记者站观察生活的时候，发现了《山中棋手》的主人公，我们还住在一

起，他是住在山上的。我们为了采访他，在山上住了十多天，积累一些材料，然后就写成了《山中棋手》一文。当时反响很大，我在汕头当记者站站长的时候，接触当地的干部群众，与当时的地委书记关系很好，他是管农业的，我经常给他打下手，我发现他的作风很朴实很艰苦，然后专门采访了他，写成了《地委书记》这篇通讯，在全省引起了很大的反响，这篇通讯里面有很多细节。但是现在的同志好像不太喜欢写通讯了，我们报纸也已经很少通讯了。

1963 年回到南方日报（总部），1967 年我当采编组的组长，我是第二采编组，管经济、农业这块，我也写了不少报道，但是当时报道不允许署名，因为处于“文化大革命”时期。采编组到阳江，经过一个点，广州政治部的一个点，写了很多报道，在那里一年多，那些报道现在已经记不太清楚了，都没有署名。当组长之后任报社党委常委兼总编辑室主任，1979 年担任副总编辑，也是管经济这一块。1987 年，我就当“第一把手”，当时我已经 58 岁了，按照现在的政策，我是不可能当的。当时陈培是总编辑，后来他得了肺癌，然后住院就不可能工作了，就由我代替他工作，代替了大概一年就把我提成了总编辑，陈培逝世的时候是 61 岁。当时南方日报很坎坷，连续好几个同志相继逝世了。陈培、海南记者站站长曾庆松，还有陈树生相继逝世。

我的胆子很大，坚持批评报道，因为是南方日报的传统，不但要坚持，还要发扬光大。我主持南方日报的工作，把批评报道当成一个重要的项目，一定要抓好，每个周会都会研究有什么好批评的。来信部收到很多读者的来信，很多批评线索。来信部每个礼拜都会做出汇报，发现线索后，就组织人力下去采访。

批评报道不仅要胆子大，心还要细；光胆子大没用，心不细很容易出问题。有些批评报道还要送当地审查，每一篇我都要看过之后才能见报。当时的报纸不像现在的报纸要经过宣传部，由省委书记直接管，所以我就绕开它，直接请示省委书记。现在的情况不一样了，我那时候没有送宣传部的。

那时候宣传部对报纸一般人事那些是管的，具体报道它不管。具体报道省委书记管，省委书记林若比较开明，他是支持批评报道的。

现在回过头来看，现在情况不可想象。当时很顺利，当时我们批评报道占了主角，实事求是，重要的批评报道有些还要给他本人看。当时《南方日报》威信比较广，下面不敢说你不要批评，有省委书记支持。

当时批评报道的对象不光是批评一般的小干部，县委书记、县人大主任照样批，有时是地委委员、厅局级别。也有一些来找我的，比如批评统战部的一个干部，我批评他违反财经纪律，他们很有意见，甚至有副省级领导找我。我说这个是事实。幸亏我们批评了他们，不然错误越犯越大。有人开了个公司，公司发"金卡"给各个领导，这是不合法的嘛。我让报纸批评这个事情。后来公司出了问题，他们也知道理亏不敢再多提意见。

批评报道最重要的因素，一个是领导的胆识。如果领导不敢抓批评，就不会有批评报道，不重视这方面怎么做批评报道。光是胆识还不够，心要细，工作要做得很细，采访一定要很深入，具体事实要站得住。稿子要交当地审阅，或本人审阅，总编辑要把关。

另外，我处理批评报道有几个窍门，批评报道往往是和正面报道、表扬的报道放在一起，做对比。批评这个县以权谋房的，表扬另外一个县有关部门不以权谋私，对比报道说服力很强。搞批评报道我们没有官司，这是个奇迹，没有跟人打过官司。

批评报道，从报纸的公信力来说，我们这方面行。1988年和1990年广东省纪委两次写信给南方日报，都是为了表扬报社在惩腐倡廉中做出了贡献。打击以权谋房，是当时省委抓的中心工作，《南方日报》批评了恩平以权谋房。当时王宗春做省纪委书记，这个人比较尽职，支持批评报道，第一次写信表扬我们，我们把省纪委表扬信登到第一版报纸头条。第二次是1990年就集中以权谋房的报道，有些省纪委查出不是合理的，我们报纸报道后就解决了，省纪委很高兴，写信表扬我们。这个是空前绝后的，我们当时跟省纪委配合得很好。

当时《南方日报》的威信很高。一次纪委在办案的时候，一边挂着纪委的牌子，一边挂着南方日报的牌子，在查案的现场，联合办案。

我很重视搞批评报道，但更注重搞正面报道。处理批评报道的时候，有正面的有负面的，批评和表扬一块见报。版面上处理，不能批评报道天天都批评，批评报道要掌握一定的度。我们批评报道基本上每个礼拜一次或两次，不是天天，主要的还是正面报道。

党报应该要有正义感，搞报纸的人也要有正义感，没有正义感，就不要搞新闻报纸。见到好人应该高兴，见到坏人应该批评。不能不声不响，对于社会上的贪腐问题，应该当作是自己的责任，面对贪腐，报纸应当出份力，不能不闻不问。即使再坏的环境，报纸的批评报道还是有所作为的。不是政府都不欢迎批评报道的，有些重要的批评报道搞得好的，政府都会欢迎，都会支持的。

最近的批评报道比较少了。

四、复刊《广东农民报》和参与创办《南方周末》

《广东农民报》“文化大革命”前就有。1980年的时候，报社党委决定恢复，要我去抓。人也没有房子也没有，条件非常艰苦。在旧报社那边，分农民报两间小平房，招兵买马。我物色了报社几个曾搞过农村工作，搞过农村报道的，把他们调回来。第一次试刊出来，是9个人，就开始复刊，人数很少，条件很艰苦，后来慢慢增加到12个人，发行量还不是很多。后来扩张增加到20多人。当时农民报，我兼任副总编辑。后来增加到20多个人，稍微正规点了，发行量也大了。

《南方周末》刚开始我是分管，我是副总编辑。《南方周末》创刊是受江苏的《南京周末》启发。机关报决定办一个周末报，决定办《南方周末》。当时是全国第二个周末类报纸。《南方周末》创刊，主要是依托文艺部，文艺部当时是关振东做主编，我是分管。起初人数也不多，13个人创办。考虑市场的反应，每期出报以后，我跟关振东都到广州市的报摊去看，看销售情况，读者的反应。决定下一期的内容，怎么改进。坚持了好一段时间，起码有半年多吧。每期出来都去报摊去看，慢慢摸索。当时可以借鉴的不多，就只有《南京周末》，慢慢创办起来。当时刘陶是总编辑助理，丁希凌是总编辑，我是副总编辑。办报是党委的决定，是集团的决定。关振东当过主编是真的，参与创办。南方都市报也是这样，不能说是谁办的。

现在的《南方周末》跟当时我们办的不太一样，文化味比较淡一点。都是时政的东西。有它的好处，但是也有它的弱点——可能丢掉一部分读者。

为什么不敢批评本省，因为本省阻力大一点——你是广东省的报纸，不是外省的报纸。规定不许地方性的媒体做跨区域的批评报道，这个规定我认为是不像话的。当然不能异地监督为主，这个也不好。读者包括本地的、外地的，当然应该本地为主，现在碰到很多新问题我们没有碰过的，希望还是寄托在你们身上。

领导班子也不是很多人，就 8 个人，现在都二三十个人了。当时又有党委又有编委。党委大，党委管编委。

台湾曾经有一架运输机起义降落在白云机场。现在提起来有这回事，具体时间我不太记得了。当时知道这个事情后我赶快请示陈培，陈培那时还是做总编辑，当时在医院里。我请示他，他说不要报道，就不要报道。情况比较复杂，当时陈培也考虑到一些关系的东西，比较复杂。

五、搞经营管理非常得力

我管南方日报的时候，职务是总编辑，不仅管编辑业务，实际是上是第一把手，发行也管。我每个星期都要管这个事情。最初的时候南方日报不把发行当回事，没有发行科，人数不多。我当一把手的时候，设立了一个发行处，充实人力，专门搞发行。发行做得比较好。当时发行有 80 多万份。最多的时候还要加印，一般是 80 万份。当时发行的同志比较得力。考虑自办发行，有业绩考核。当时很多人不把利润当作一回事，开会时候我指出开源节流，那几年利润比较高，利润超过广州日报，跟上海《解放日报》差不多平行，在全省是利润最多的，到我退的时候，是两千多万，在当时是很厉害的，当时搞发行，搞经营管理非常得力。

我经常参加全国记者会，好多都是从别人的经验中得到启发。我当总编辑时，刚好是转型期，1987 年 1 月到 1991 年 1 月，是一个很幸运的事情，我当时得心应手，领导很支持，省委很支持我的工作，很放手给我做。

宣传部、新闻处一般就是问新闻报道有什么问题，经费方面提醒一下，没有指导得那么具体。因为既然安排你去做，就是相信你。

说什么名利，当总编辑还管什么名利？当时说《南方日报》胆子很大，《南方日报》当时威信很高。如果一个报纸旗帜不鲜明，坏的不表态，好的不表态，就没有民心。要旗帜鲜明才行，敢批评敢揭露。

六、干活方式从来都是对事不对人

1991 年我从《南方日报》岗位上退下来，来到记协，我这个人责任心比较强，来到记协之后总是要做点事情，不能得过且过。受到外地启发，外地有设金枪奖，但没有这么全面，后来就设立了金枪奖、金梭奖、金钟奖，还有广播的金话筒奖，就比较全面了。

这些奖的奖金从哪里来？因为政府办不可能，就成立了一个广东新闻人才基金会。经记协讨论，筹备了 200 多万元，奖金就解决了。

我还这样考虑，在各个新闻单位里面，新闻队伍的建设要加强，要采取什么办法？当时就提出每年开一次广东新闻队伍建设经验交流会，每年开办一次，每次就由单位推荐某位典型在会上发言，发言之后单位就会发一些材料，印成书，每年出一本，新闻队伍建设经验交流会，我坚持到退休。

但我退下来之后，这个新闻分会就没有人管，尽管四个奖还有。

我到哪个岗位我都想做点事情。我这个人，责任心比较强，对别人要求比较严格，对自己要求也比较严格，不大讲究方式方法，可能就得罪了一些人，我们报社一些人很怕我，我感觉得到，但是我干活方式从来都是对事不对人，我从来不会记在心里。当时报社开会我很严格的，不能迟到，不能不来，我感觉跟养成的风气很优良有关。如果单位松松垮垮，是干不成事的。

我在南方日报的自我评价不大好说，但我感觉到我工作是认真的，我总体来说对得起南方报业，对得起南方报业的同志。

我跟你讲，我的责任挺重，在南方报业哪个部门，无论是哪个部门哪个单位，我都经常去。

我表扬了很多同志。要讲究宽严结合，光讲宽不讲严不好，对同志们有要求。当时来信部有个同志本来是个通联部的员工，通联部是记录的，不是记者，他到来信部干得很出色的。下面很多人骂他，骂他乌龟，他都不管，照样干，照样写稿子，写好多稿子，经常见报。当时对他的要求很严，培养干部，不给他担子，显示不出他的才华。

当时来信部的员工全部是党员，我对他们的要求比较多。我当总编辑的时候感觉来信部是个很重要的部门。我可以讲三分之一的新闻线索都来自来信部。

现在新闻队伍各方面的素质，比我在的时候高多了。现在很多是大学、硕士、博士，我在的时候，我算是报业的大哥，但是没有大学毕业，充其量是比高中水平高一点点。我完全靠自学，我从小就喜欢文字工作，参加工作时还小，慢慢成长起来的。你们现在的环境跟我们那时不一样，你们要适应这种环境也不容易。

七、继承传统，批评报道和政策宣传都要抓

要继承南方报业传统，我们的批评报道还是要坚持发扬的。还有政策报道，因为政策报道跟群众关系密切，政策宣传还是要抓。以前食品安全没有现在那么多，现在一些干部的道德风气很坏。这些都应该跟批评报道结合起来。我现在看电视，《今日一线》看得比较多，《今日一线》揭露的东西太多了。但是这些反映是真实的，不能老是表扬好的，这些东西报纸报道都应该干预一些，现在社会太浮躁了。比我们在的时候，你们的担子更重了。我们在的时候社会应该是比较单纯的，道德风尚比较好。我们新闻工作者应该有责任去干预。

当时压力也有，也有几个报纸竞争。但当时《南方日报》是独树一帜的，所以当时压力还不是很大。

那时《羊城晚报》也很厉害，但它跟《南方日报》也没有什么冲突，《广州日报》那时还没有起来。《广州日报》还是改版以后，慢慢地上来的。

问题是要办好《南方日报》，在办好《南方都市报》的同时要办好《南方日报》。《南方日报》才是主要的，《南方都市报》办得好，《南方日报》办不好是本末倒置。

《广州日报》办得好，主要是党性和群众性结合得好，办得党委欢迎老百姓欢迎，但我们这些是党委欢迎，老百姓不欢迎，差距就在这里。但是这种差距我们能不能克服，我相信是可以做到。

现在打开一份报纸，《广州日报》信息量很大，群众路线各方面都有，群众喜闻乐见的有很多，《南方日报》好像是政府喜欢的，机关干部喜欢的，就丢掉了一部分读者，不能够做到扩大发行，不能增

添利润，党性跟群众性应该很好地结合起来。

这个群众性搞得好的话，易受老百姓欢迎。我们在群众性这方面差一点。

附录 张琮谈典型报道、新闻改革和队伍建设

一、广东新闻界重大典型报道成功的启示

1994 年广东新闻界经营了“好军嫂韩素云”和“广州各界为新疆儿童阿不都尼亚孜寻找父母”的两个重大典型报道。这两个典型报道不仅过了珠江，而且过了长江，过了黄河，在全国产生了巨大的反响。新华社和人民日报分别介绍、追踪了这两个典型。这两个典型的事迹分别拍成了电影。有关好军嫂的典型报道受到了中央军委的表彰；有关阿不都尼亚孜的典型报道也受到了国家民委的表扬。因此，这两个重大典型报道可以说得上是 1994 年广东新闻界的两件拳头产品。概括来说，这两个重大典型报道的成功，有这么几条共同的主要经验：

眼睛向下 发现典型

我们经常说要善于发现典型。从这两个重大典型报道来看，要做到“善于”，就一定要眼睛向下。典型，特别是先进人物典型，是产生于人民群众之中的。普通中有典型，平凡中有不平凡。典型寓于普通，伟大寓于平凡。没有眼睛向下的决心，是发现不了典型的。这两个重大典型，一个是从一位战士的来稿中发现的，一个则是从一封普

通读者的来信中发现的，就是说，这两个典型都是在群众之中，而且都是普通人反映上来的。

当然，要发现典型，还有一个新闻工作者自身的感情问题。如果编辑、记者群众观点不强，缺乏与人民群众共命运、同呼吸的感情，也是不可能发现来自群众中的典型的。没有炽烈的无产阶级感情，麻木不仁，即使看到了关于好军嫂韩素云事迹的来稿，看到了人民群众呼吁救助新疆儿童阿不都尼亚孜的信，也会无动于衷，不予理睬的。

对于新闻工作者来说，要发现典型，也有一个新闻敏感的问题。不能识别报道对象的新闻价值和宣传价值，就不能发现和宣传典型。发现好军嫂韩素云典型的羊城晚报的编辑，发现新疆儿童流落街头后积极为他寻找父母的广州日报记者，以及这两个报社的有关领导，懂得报道对象的新闻价值和宣传价值，是具有新闻敏感的。否则，他们就不会发现和抓住这两个典型，认真组织宣传报道。

作为新闻工作者，眼睛向下、炽烈的感情、高度的新闻敏感，这三者是互相联系，不可分割的。有了这“三件宝”，就一定能做到善于发现典型。

准确定位　认真经营

发现了典型，还要善于经营；如果不善于经营，就会降低典型的作用甚至白白浪费了典型。这几年我们的一些新闻媒体不是没有发现典型，而是发现了以后没有经之营之，没有“大炒特炒”，以致变成“一阵风”，不成气候。这两个重大典型报道的遭遇则不同。羊城晚报、广州日报发现这两个典型以后，都认真研究如何定位，如何确定主题，如何连续报道，然后动用十八般武艺，形成了有报道、有评论、有文字、有图片的立体宣传氛围，大大提高了宣传效益。在市场经济大潮的冲击下，一些人的人生观、价值观发生了很大的变化，拜金主义、享乐主义、极端个人主义的市场日益扩大，人们一再呼唤社会主义道德的回归。在这种情况下，《羊城晚报》把好军嫂韩素云的报道定位在两个和千百个，并为此开设了专栏，这样做，正好适应社会的需求、符合人民群众的愿望，因此在广大读者的心灵中引起了强烈的共鸣。这就是这个重大典型报道获得成功的一个重要原因。

当然，典型报道要经之营之，“大炒特炒”，也有一个“度”的问题。如果掌握不好，超过了“度”，就会适得其反。在“度”这个问题上，我们宁可留有余地，而不要搞过了头。这次这两个重大典型报道的分寸都是掌握得比较好的，虽然“大炒”了一番，但没有“过火”，报道总的来说是适度的。羊城晚报关于韩素云的报道，只讲她是一个好军嫂，而这个好军嫂现在碰到了个人难以克服的困难，需要社会的关心，而没有把她写成一个高不可攀、可敬不可亲的英雄。因此，广大读者看了报道，感到可读可信可亲，乐意关心她，帮助她。广州日报关于新疆儿童阿不都尼亚孜的报道，没有抽象地讲民族大团结的大道理，而是通过感人的具体事实，宣传各族人民“爱心同铸民族情”。因此，这个重大典型报道犹如春风化雨，使各族人民都在不知不觉中上了民族团结这一课。

积极参与　引导社会

新闻媒体积极参与，步步深入，引导社会，是这两个重大典型报道的另一成功经验。

过去，我们的新闻媒体组织的一些重大典型报道，往往是纯客观地报道人和事，记者和新闻媒体多是旁观者。而这两个重大典型报道却完全不同，记者、编辑、报社领导既是宣传者，又是参与者。羊城晚报既报道好军嫂爱国拥军的先进事迹，又反映她身患重病，家庭拮据，需要社会支援。报道引起广州市中医学院附属医院注意后，又帮助韩素云入院治疗，并通过报纸呼吁社会捐款，使广州市出现了关心、救助好军嫂的动人情景，有力地促进了精神文明建设。广州日报记者黄萍儿等看到关于反映新疆儿童阿不都尼亚孜流落广州街头的来信后，迅速进行调查，然后写了《一个未完结的故事》，除在本报发表外，还传给新疆日报，为这名流浪儿寻找父母。经多方联系，终于在新疆为这名流浪儿找到了父母。为了促成孩子父母早日赶来广州接孩子，他们又通过报纸吁请读者捐款。同时，还促成了广州市农林下路小学与阿不都尼亚孜所在的新疆乌什县第二小学开展“手拉手”的联谊活动。羊城晚报、广州日报就这样直接参与了重大的典型报道，并随着事情的逐步深人发展，一步步地引导读者，引导社会，共同谱写了两曲社会主义精神文明建设的赞歌。他们这种直接参与重大典型报道的成功做法，为新时期的典型报道作了有益探索，提供了新鲜的经验，很值得新闻界借鉴。当然，他们的这种做法和经验不一定适合所有的典型报道；新闻媒体和记者也不能离开客观实际而人为地“制造新闻”。典型报道一定要从实际出发，要实事求是，不能强求高大全，更不能弄虚作假。

各展其长　形成合力

这两个重大典型报道、特别是有关好军嫂韩素云的重大典型报道能够在全省、甚至全国产生重大的影响，十分重要的一个原因，是广州地区的新闻媒体能够从自身的特点出发，发挥各自的优势，形成巨大的宣传合力。俗话说“孤掌难鸣”，树立一个全省特别是全国性的典型，光是一家地方新闻单位是很难做到的。报纸、广播、电视都有各自的优势，宣传重大典型各有所长，如果能各自发挥优势，形成合力，那影响就要比一家的宣传大得多，效应就要好得多。可以说，这次我们广州地区的新闻媒体在重大典型报道方面，既开展了一场激烈的竞争，也进行了一次很有成效的协同作战。当然，这两个重大典型报道能够在全国打响，也离不开北京的中央新闻单位的支持和配合。严格来说，没有中央新闻单位的支持和配合，广东的重大典型是很难成为全国性的重大典型的。

由此看来，广东新闻界要出“拳头产品”，要出全国性的重大典型报道，不仅要有横向的宣传合力，还要有纵向的宣传合力。因此，我们在经营重大典型报道的时候，一定要主动争取中央新闻单位的支持和配合。要为他们提供线索，提供稿件，要与他们加强联系。

这两个重大典型报道的经验，是广东新闻界的一笔共同财富。而作为新闻单位的领导，还可以从这两个重大典型报道中得到三点启示：

一是要把经营重大典型报道，特别是先进人物典型报道，作为提高新闻媒体整个报道质量，扩大社会效益的关键措施。重大的典型报道，不仅仅是为了宣传一个或两个人，而是要把这一两个人和千百万人联系起来，要使一两个人的事迹或遭遇，在广大读者中引起共鸣和反响。这就是重大典型报道的重大意义和巨大作用。而其他报道是很难起到这种作用的。因此，新闻媒体要想提高报道质量，要提高报道的宣传效益，就非抓重大典型报道不可。

二是新闻媒体的主要领导要直接抓重大典型报道。重大典型报道事关全局，牵涉到方方面面，需要很强的策划意识和很高的策划艺术，主要领导不直接抓，不直接指挥，是很难搞好的。抓不抓，如何抓，都需要主要领导下决心，出主意。因此，新闻单位的主要领导一定要舍得花时间、花精力抓重大典型报道。

三是要建立激励机制。典型报道是靠人去发现和经营的。为了搞好重大典型报道，做到重大典型报道经常有人抓、有人管，新闻媒体内部必须采取有效措施，调动和保护领导、编辑、记者抓重大典型报道的积极性。建立激励机制，是调动和保护抓重大典型报道积极性的一个有效措施。

（原载《新闻战线》1995年第6期）

二、接近群众　接近生活

党委机关报要不要改革，如何改革，这是新闻战线的同志和广大读者共同关心的问题。当然，对这个问题出令人满意的回答，不是一个早上就能办到的。这是因为党委机关报的改革，需要和我们国家的整个改革同步进行，需要在实践中摸索、探讨和完善。但是，有一点是必须明确的，那就是党委机关报必须跟上时代的步伐，不断地提高宣传效益。只有这样，才能更好地发挥党和人民的喉舌的作用。

正是基于这样的认识，南方日报近一年来在报纸改革方面做了进一步的探索。我们的力气没有白费。现在，南方日报已成为全国省委机关报中发行量最大的一张报纸。如果考虑到广州市有3张大型报纸的情况，那么就愈加感到这个收获来之不易。

去年底在讨论报纸改革的时候，我们深深感到，报纸改革，增加某些栏目，消息做到快、新、短、实等固然十分重要，但是，这样做还是不够的，最重要的是要解决指导思想问题，否则没有抓到根本，不可能真正搞好报纸改革。因此，我们确定今年报纸改革的指导方针和总要求是："坚持党性原则，充分发挥机关报优势，在努力提高指导性、思想性和战斗性的同时，大力加强群众性、服务性，真正发挥报纸多功能的作用，更好地适应改革、开放、搞活经济的需要。"我们还提出，把加强群众性、服务性作为报纸改革的主攻方向。我们的报纸要更加注意接近群众，接近生活，充分反映人民群众的要求和呼声，更好地为人民群众服务，这就是说，我们的报纸是否及时地、正确地宣传报道人民群众普遍关心的各种各样的问题，是衡量报纸改革否成功的一个标志。

我们的这个指导方针，是根据南方日报的历史和现状提出来的。南方日报长期以来注意报纸的思想性、战斗性、指导性，这是十分必要、完全正确的。但是，过去在注意思想性、战斗性、指导性的时候，却在一定程度上忽视了群众性、服务性，同时，对指导性的理解也比较狭窄，仅仅把它理解为对工作、对生产的指导，而没有把对生活的指导纳入我们的视野。因此，在采写稿件和安排版面的时候，往往是从工作、生产的角度来考虑，并且喜欢用工作术语、业务行话，很少考虑人民群众喜欢不喜欢看，看不看得懂。我们的编辑、记者，包括编委，很少认真去研究读者的思想动态、读者的心理、读者的爱好和要求。其结果，人民群众普遍感兴趣的东西我们报道不多，人民群众不感兴趣的东西却充斥版面。问题还不止此。在文字表达方面，也往往是居高临下，板起面孔，“必须如此”，“应当如此”，老是训人，而不大注意采取平等的态度、商量的口吻，让读者感到可敬可亲。在新闻事业空前繁荣，报纸之间竞争非常激烈的今天，如果再让这种状况保持下去，我们的报纸肯定是不会受到广大人民群众欢迎的。我们决不能“一本书通读到老”，必须适应新的情况，使我们的报纸为广大读者所喜爱，使省委机关报的宣传效益得到更好的发挥。

经过研究，我们编委会提出《南方日报》要在坚持思想性、战斗性、指导性的同时，加强群众性、服务性。这就是说，我们的报纸在进行宣传报道的时候，不能只想到我们要人民群众知道什么，而应当考虑人民群众想知道什么。当然这不是说要迎合极少数群众的低级趣味，而是要考虑广大群众是否喜闻乐见，是否抓到了广大群众关心的热点和难点。我们既要向人民群众宣传党的路线、方针、政策，宣传我们想宣传的东西，又要认真回答人民群众关心的问题，包括生活上的各种问题。一句话，要更加接近群众、接近生活，这是报纸改革的一个十分重要的指导思想。

诚然，接近群众、接近生活，这不是一个单纯的业务问题、技术问题，而是一个群众观点问题。因此，首先必须增强办报人员的群众观点，增强为广大读者服务的观念。这个根本问题解决了，我们才会把接近群众、接近生活化为日常的业务实践，才会注意从群众的角度来判断新闻价值，确定报道主题，选择新闻事实，考虑表达手法，制作标题题饰，安排报纸版面。为此，我们反复要求编辑部的同念在采写和编发稿子之前，先向自己提一个问题：假如我是一个读者，我想知道什么？

今年以来，《南方日报》为了加强群众性、服务性，采取了一些具体措施。在第一版，我们首先注意抓人民群众关心的问题，抓社会生活中的难点和热点。物价问题、婚姻陋习问题、困难地区的群众生产、生活问题等等，都在一版占了相当大的篇幅。其次，注意不拘一格选头条，群众中的先进人物、群众关心的一些工厂生产和销售假化肥的问题、27 位未婚女青年发出破除婚姻陋习的倡议，都放在一版头条位置。再次，坚持办好《芳草篇》专栏，经常表扬普通劳动者的新思想、新道德。此外，改进评论写作，采取商量的口气，改变过去那种训人的口吻。对第二版，我们根据报纸改革的总方针，动了一次“大手术”。过去，南方日报的第二版被读者称之为是第一版的延续，是“一版剩余物资的处理版”。多年来，我们做过多次努力，试图改变这种状况。一个时期，我们专门抽调了几个人，专责编辑第二版。但是，收效甚微，面貌改变不大。于是，又实行各采编部包版。

组织形式变过来变过去，二版还是摆脱不了一版附属的地位。今年我们总结了几年来二版改革的经验教训，认识到过去二版改革没有抓到根本，没有研究和确定二版的方针，因此改来改去二版仍没有自己的个性。任何事物如果没有个性，就没有生命，就没有存在的价值。

经过研究，我们确定，在整个报纸改革的总方针指导下，二版以“传播信息，探讨问题，服务群众，指导生活”作为自己的编辑方针。二版的内容是宣传两个文明建设，但以宣传精神文明建设为主。为此，设立了《工作研究》《采访札记》《岭南风采》《桑梓情》《社会一隅》和《经济信息》《旅游顾问》《交通指南》《生活顾问》等服务性栏目。为了保证这个方针的贯彻执行，我们设立了“社会生活部”专职编辑二版。所需稿件由有关的部负责提供，社会生活部采写一部分重点稿件。今年大年初一开始，二版以崭新的面貌出现，摆脱了一版附属的地位，有了自己的鲜明个性。读者普遍反映，二版的可读性增强了，报道面更加宽广了，过去很少见诸机关报的社会新闻，现在第二版经常出现了。过去，许多人看南方日报往往放过二版，而现在，二版已成为许多读者非看不可的一个版。对第四版的一些专刊，我们也作了相应的改革，加强了群众性、服务性。对文艺副刊《南海潮》，我们要求以发表跟群众生活较为接近的纪实文学为主。《星期天》专刊增加了观众对电影和戏剧的评介。《读书与修养》除原有的《恋爱婚姻一百题》专栏外，又开辟了《每期三题》《生活与美》等栏目。《法制与生活》除了定期刊登《案例剖析》外，还开辟专栏《你知道怎样用法律保护自己吗？》。

我们在报道形式方面，注意多采用群众喜闻乐见的形式。继去年我们在报纸上成功地开展了“佛山华侨大厦这样对待顾客对吗？”的讨论之后，今年我们又开展了“关于如何对待婚姻大事”的讨论。这个讨论已见报 17 期，收到了很好的效果。信宜县 27 个未婚女青年，就是在参加了这个讨论以后向全省发出破除婚姻陋习的倡议的。现在，她们的倡议已得到了省妇联、团省委以及信宜县委、县政府的支持和许多女青年的响应。

由于报纸注意了接近群众、接近生活，越来越受到读者的欢迎，报纸的宣传效益得到了提高，机关报的作用越来越大。今年以来，南方日报在坚持四项基本原则、反对资产阶级自由化，在贯彻改革、开放的总方针，在增产节约、增收节支活动，在发展开发性农业和建设山区等方面，发表了许多有分量的报道和评论，较好地发挥了省委机关报应有的指导作用。特别是在农村报道方面，比前两年有了很大的加强，省的领导和广大农村读者对此都有好评。开展批评和自我批评，是南方日报多年实践形成的优良传统。这方面的长处，今年也得到了坚持和发扬。今年 1 到 9 月，南方日报连续发表了 6 组比较重大的批评稿件，有力地推动了两个文明建设。《读者来信》版也进一步贯彻了批评为主的方针，做到了批评报道细水长流，坚持不懈。这些事实说明，担心加强群众性、服务性会削弱思想性、战斗性、指导性，会影响机关报的党性，是完全没有根据的。只要头脑清醒、措施得当，就可以很好地把报纸的思想性、战斗性、指导性和群众性、服务性有机地统一起来，就可以更好地坚持机关报的党性，使之真正成为党和人民的喉舌。

党委机关报的改革毕竟是较为复杂的事情，不能一蹴而就。我们的探索带有很大的局限性，工作也做得不够细不够好。我们愿意向兄弟报纸学习，把报纸改革坚持下去，深入下去。

（原载《新闻实践》1987 年第 11 期）

三、培养和造就跨世纪的合格的新闻队伍

现在，距离 21 世纪只有几年了，离香港、澳门回归祖国则只有两年多和四年多时间了。我国，特别是地处祖国南大门，毗邻香港、澳门的广东省，从现在起，就必须紧密联系国内建设大局和实行一国两制大局，努力培养和造就一支跨世纪的合格的新闻队伍。这项工作做好了，我们的新闻队伍才能适应世纪之交的需要，我们的新闻工作才能迎接新世纪的挑战，才能走上新的台阶。

我们培养和造就跨世纪的合格的新闻人才，既要考虑历史，也要考虑现实，更要考虑未来。

什么是合格的新闻人才？邓小平同志说过："思想战线上的战士，都应当是人类灵魂工程师。" 作为灵魂工程师，应当高举马克思主义的、社会主义的旗帜，用自己的文章、作品、教学、讲演、表演，教育和引导人民正确地对待历史，认识现实，坚信社会主义和党的领导，鼓舞人民奋发努力，积极向上，真正做到有理想、有道德、有文化、守纪律，为伟大壮丽的社会主义现代化建设事业而英勇奋斗。

江泽民同志也说过："在我们党的干部中，宣传思想工作者是一支十分重要的力量。" 他还对宣传思想工作者提出了九个字的要求：政治强、业务精、作风正。丁关根同志则把一个合格的宣传思想工作干部的标准，归纳为 12 条：有强烈的事业心和高度的责任感；牢牢地记住一个根本指针；坚持党的基本路线不动摇，在思想上、政治上、行动上与中央保持一致；树立群众观点，全心全意为人民服务；政治要敏锐、头脑要清醒、旗帜要鲜明；坚持唯物辩证法，防止片面性；议大事、抓大事，增强全局观念；心胸宽广，增进团结；深入调查研究，善于总结经验；工作务求实效；严于律己，清正廉洁；刻苦学习，勤于思考。

新闻工作者属于宣传思想工作者，丁关根同志讲的宣传思想工作者的标准，也就是新闻工作者的标准。当然，作为新闻工作者，跟其他宣传思想工作者不同，是用独特的新闻手段来进行宣传思想工作的，因此，新闻工作者除了要具备宣传思想工作着必须具备的条件以外，还要具备使用新闻手段的知识和技能，也就是专业知识和技能。如果既不能采写，又不能编稿，也不能使用电脑，那么到了 21 世纪即使你具备了宣传思想工作者的一般条件，也是不能做好本职工作，不能成为优秀的新闻工作者的。

因此，我们应该全面按照邓小平同志关于人类灵魂工程师的总要求，按照江泽民同志讲的“政治强、业务精、作风正”的三大要求，按照丁关根同志提出的 12 条标准来培养和造就跨世纪的合格的新闻人才，达到了这些要求和标准，就是合格的跨世纪的新闻人才。培养和造就跨世纪的新闻队伍，大专院校固然责任重大，而新闻单位更是责无旁贷，要舍得花时间，花力气，认真抓好下面几个环节：

第一个环节是，提高理论素质，使跨世纪的新闻队伍用邓小平建设有中国特色社会主义理论作为自己的精神支柱。

作为跨世纪的新闻工作者，必然会面临两个经常出现的问题，一个是怎么看当代中国的发展大局，也就是怎么看待有中国特色社会主义；一个是怎么看当代中国的马克思主义。这是世纪之交这个特定的历史时期提出来的两个问题，也就是从计划经济向市场经济过渡的时期人们必然要碰到的两个问题。在这样的一个伟大的历史转折时期，新矛盾、新问题将会不断出现，而我们新闻工作者的思想准备、理论准备不足，知识水平有限，因此，这两个问题将会经常地反复地摆在我们面前，要我们思考，要我们回答。这两个问题，归根到底是如何观察国家命运和用什么工具来观察国家命运的问题，实质上也就是世界观、历史观的问题。这个问题解决得不好，我们新闻工作者就不可能正确地认识世界和反映世界，就不可能写出客观、公正的报道，就不可能办好报纸、广播、电视。因此，培养和造就跨世纪的合格的新闻队伍，最重要的就是要用邓小平建设有中国特色社会主义理论来武装他们的头脑，帮助他们把邓小平建设有中国特色的社会主义理论作为自己的精神支柱。这就是江泽民同志说的，“用科学的理论武装人”。抓好这个问题，就是抓到了培养和造就跨世纪新闻队伍的根本，否则就是不得要领，或者是本末倒置。

第二个环节是，提高业务素质，使跨世纪的新闻队随着时代的进步，社会分工越来越细。今后，各个行业对自己的从业人员的要求将越来越高。没有专门的知识，是很难搞好专业工作的。因此，应该把具备必要的专业知识，熟悉业务，作为合格的跨世纪新闻人才的必备条件。这虽然是一个最起码的要求，但要真正实现却并不简单。从全国来说，50 多万新闻从业人员的 95% 没有受过专门训练，要使他们在几年内具备必要的专业知识，熟悉业务，确实任重道远。

为了做到这一点，各个新闻单位有必要对没有受过新闻专业训练的人员，分期分批进行培训，要他们学习大学新闻系的新闻专业课程。在这方面，大专院校的新闻系、省记协、省新闻学会，都应该而且也能够发挥积极的作用。

当然，新闻是一门实践性很强的学科，要担当记者、编辑工作，不能光懂得专业知识，还要会采访、会写作，会编稿。因此，学习必须紧密结合实践，要善于把理论和实践很好地结合起来。除了参加专业训练班外，还要强调学中干，干中学，做到边学习，边实践，边提高。

第三个环节是，提高科技素质，使跨世纪的新闻队伍具备必要的现代科技知识和技能。

即将到来的 21 世纪，是信息业进一步发展的新世纪，各个领域都将出现许多新的巨大的变化。新闻行业也不例外，必将引进更多的高新技术，传播技术、工作方式、管理方式都将发生很大的变革。今后，新闻工作者如果没有现代的科技知识，就不能适应新的时代，不能适应现代化的新闻工作。作为跨世纪的新闻队伍，必须努力学习现代的科技知识和技能，用现代的科技知识和技能把自己武装起来。只有这样，才能更好地认识世界、反映世界，才能把采访和编辑工作搞好，才能把报纸、广播、电视办好。

外语、电脑、开汽车，这些过去对新闻工作者似乎无关重要的东西，对于跨世纪的新闻工作者来说，却是必备的知识和技能。现在，我们已经有了一批具备这些知识和技能的记者、编辑。今后，我们要创造条件，让更多的新闻工作者尽快拿握这些知识和技能。

第四个环节是，提高道德素质，使跨世纪的新闻队伍具有良好的职业道德。

去年 5 月修订后重新颁布的《中国新闻工作者职业道德准则》，对新闻工作者的职业道德的内容，讲得十分明确。这些新闻工作者职业道德的内容，同样适用于跨世纪的新闻工作者。我们要以这些职业道德的内容来要求跨世纪的新闻工作者，来塑造跨世纪新闻工作者的形象。当然，职业道德的内容是多方面的，职业道德教育也应当是全面的。但是，这不排除要有针对性，不排除某一个时期应该突出某些方面，抓住某些重点。如果职业道德教育不联系实际，不解决现实中的某些突出问题，就会流于空泛，徒具形式。从目前的情况看，要提高跨世纪新闻队伍的道德素质，职业道德教育必须突出下面几个重点：

1. 提倡敬业乐业，反对三心二意

新闻工作辛苦，经济收入又比不上经济部门，一个人如果没有敬业乐业的精神，也就是没有强烈的事业心，是很难在新闻工作的岗位上，特别是在夜班的岗位上干一辈子的。蝇营狗苟、投机取巧的人，更不可能成为一个好的新闻工作者。因此，要培养和造就跨世纪的新闻队伍，首先要帮助他们树立敬业乐业、乐于奉献的精神，增强从事新闻工作的责任感和光荣感。有了坚强的事业心，其他问题也就比较容易解决了。

2. 提倡为文清康，反对"有偿新闻"

对跨世纪的新闻队伍进行职业道德教育，重点必须突出提倡为文清廉，反对"有偿新闻"。要从根本人手，解决好跨世纪新闻工作者的人生观、价值观问题，帮助他们确立全心全意为人民服务的根本宗旨，从而自觉地反对以笔谋私、以版谋私、以权谋私。对那些屡教不改者，必须绳之以纪律，绳之以法。要下最大的决心，在短期内遏止"有偿新闻"的泛滥，把新闻队伍的风气搞正，重新确立新闻工作者的崇高形象。我们做到了这一点，跨世纪的新闻队伍才能成为大有希望的一代。

3. 提倡艰苦奋斗，反对贪图安逸

艰苦奋斗是我们党的传家宝，也是党的新闻工作者的传家宝。新闻工作是一件苦差事，只有敢于吃苦的人，才能做到虽苦犹乐，才会事业有成。不愿付出艰苦劳动，不愿深入到第一线摸爬滚打，是不能写出有血有肉、深刻生动的好稿子的，是不能做好选稿编稿工作的，是不能成为好记者、好编辑的。令人遗憾的是，现在讲艰苦奋斗少了，到一线去的少了，"请帖记者"、跑宾馆酒楼的记者多了。因

此，在进行职业道德教育的时候，有必要把提倡艰苦奋斗、反对贪图安逸，作为一个重要的内容。要把艰苦奋斗、深入实际，作为衡量合格的跨世纪的新闻工作者的一个标准。

培养和造就跨世纪合格新闻队伍必须抓好的四个环节，是互相联系、互相依存的，缺一不可。这四个环节都抓好了，新闻战线就会有一支综合素质比较高的跨世纪的队伍了。

当然，培养和造就跨世纪的合格的新闻队伍，是一个十分巨大的系统工程。除了领导部门和各级领导重视以外，还需要各方面密切配合。离开了各个方面的支持和配合，是很难把这个工程搞好的。因此，必须在党和政府的统一领导下，有关各方协同动作，形成合力。大家心往一处想、劲往一处使了，就可以克服各种困难，解决各种矛盾，顺利地完成这个巨大的系统工程。

（原载《新闻战线》1995 年第 1 期）

四、新闻改革有待进一步深化

报纸、广播和电视在新闻改革方面做了很多工作，并且取得了很大的成绩，但与党和人民群众的要求相比，与改革、开放的形势相比，还有很大的差距。我们的新闻改革还有不少问题，还有很多工作要做，还有待于进一步深化。就当前来说，有三个问题是必须注意解决的。

一、如何正确处理形式改革与内容改革的关系问题。应当看到，当前有些新闻媒介，形式的改革跑在内容改革的前面；内容改革方面，附属于新闻报道的东西走在新闻报道的前面。这个问题集中表现在新闻的主体，即消息的地位受到了削弱。这几年，广东和全国一样，新闻界比较普遍存在忽视消息的现象，记者不愿写，读者不愿看，并且恶性循环，以致消息数量减少，质量降低，与许多副刊、专刊和周末版一片繁荣兴旺的景象形成了鲜明的对比，也与新闻报道版的大通讯、大特写、大文章形成了强烈的反差。全国新闻媒介的这种现象在好新闻评奖中得到了集中的反映。第一届全国现场短新闻评奖，一等奖 5 篇，全是特写、通讯，没有一篇是消息；第二届全国现场短新闻评奖，一等奖 10 篇，其中 7 篇是特写、通讯，只有 3 篇是消息。1991 年第一届中国新闻奖，一等奖消息居然评不出来。前年 10 月，首届中国新闻奖复评委员会发出呼吁，要求总编辑、台长花大力气抓消息，减少长通讯、长文章，狠刹长风，并以此作为新闻改革的内容。呼吁书发出一年后，情况并没有根本好转，好消息还是很少。去年 5 月广东省在珠海评选好新闻，规定消息一等奖评 5 篇，评来评去只评上 3 篇，而一等奖的通讯却评出了 6 篇，最后从二等奖消息中硬拉上两篇，才凑够了 5 篇。这种现象的出现绝不是偶然的，是新闻界对消息的主体地位思想观念上淡化，认识上存在误区的必然结果。“消息没分量”、“消息没读者”、“写消息没水平”、“写消息没前途”，这些似是而非的论调，在我们新闻界中存在着一定的市场，而且这个市场还有不断扩大的趋势。一些单位在考核编辑、记者的业务实绩、评定专业职称、评选好新闻作品等方面，往往自觉或不自觉地忽视消息的写作。还有一些报纸在扩大外延的时候，没有把消息放在应有的地位，更没有把繁荣消息当作提高报纸质量的一个最重要措施。种种事实说明，要改变对消息的不正确的看法，要走出认识误区，关键在于新闻媒介的领导。

大家知道，报纸叫新闻纸，消息是新闻的主体。

消息主体地位的削弱，势必导致新闻载体信息量减少，新闻质量降低，以致报纸杂志化，脱离实际，脱离群众，影响宣传效果。同时，新闻单位本身也不能很好造就新闻队伍，不能很好发挥职能作用，难以完成社会主义建设事业赋予的历史使命。因此，无论是从新闻队伍还是从新闻单位、从国家的全局来说，都必须迅速改变这种不正常的状况。我们应当从这样的高度来看待消息主体地位的问题，不能把它仅仅看作是一个纯技术、纯业务的问题。

总之，重新确立消息的主体地位，这是一个非常紧迫非常重要的事情，我们新闻界在新闻改革中始终都要十分注意这个问题，特别是在扩大外延的时候，更应该强调这个问题，以防止出现对内涵提高质量的偏废。

二、如何改变思维方式落后、报道方法单调、写作技巧陈旧的问题。我们的新闻业务有着优良的传统，这是一笔取之不尽、用之不竭的宝贵的精神财富。但是，我们也应该看到，任何事物都是在不断发展变化的，因此我们应该继承传统，但又不能囿于传统的固定模式，而应该不断地以新的探索、新的实践，去丰富和充实传统，使之发扬光大。毋庸讳言，几十年来，尽管社会环境、新闻手段、报道对象和读者素质都发生了很大的变化，但我们的思维方式、报道手法和写作技巧却没有多大的改变。我们的报道思维方式，是在我国的传统思维方式和产品经济的基础上形成的，主要特征是单向思维、平面思维，因此，报道内容单调，报道手法呆板，写作技巧陈旧。缺乏新闻价值的有关一个基层单位的所谓经验性报道充斥版面，而且写作技巧千篇一律。简单化、绝对化、模式化，就是这类报道的通病。这类报道除了作者、编者和被报道单位的少数人阅读之外，其他读者是不愿意看的，最多是看看标题。显然，不改进旧的思维方式、报道手法和写作技巧，就不可能全面、准确、客观、生动地反映今天的多彩生活，也就不可能防止和克服我们常说的报道的一般化。我们应当把拓宽思维空间，扩大报道视野，改进报道手法，提高写作技巧，作为新闻改革的一个重要内容。要重新审视报道的总格局。过去那种以微观为主，以经验、做法为主的报道总格局，在公有制为主体、多种经济成分并存、商品经济日益发展的今天，应当考虑有所改变。就是继续以微观报道为主，或者是改为以宏观报道为主，都必须强调按新闻规律办事。新闻作为反映新近发生的事实的报道，其本质特征是及时传递读者“欲知、应知而未知”的信息。要重视报道的新闻价值，要将新闻价值和宣传价值结合起来，并尽可能将宣传价值巧妙地寓于新闻价值。要知道，改革开放正在不断深入，产品经济正在逐步被商品经济所取代，社会生活变得越来越多彩，报道的内容在不断丰富，人们的审美观念也在不断变化，如果我们的报纸，以不变应万变，老一套、老面孔，那是不能适应新的形势的，是不可能适应素质日益提高的广大读者的需要的，社会效益是一定会受到影响的。令人遗憾的是，直到今天，并不是所有新闻界的同志对这个问题都有一个清醒的认识，下决心改进思维方式、报道方法和写作技巧，并取得了成效的，可以说为数甚少。

三、如何防止和克服形式主义的问题。新闻报道上形式主义的东西不少。邓小平同志的南方视察讲话中有这样一段话：“现在有一个问题，就是形式主义多。电视一打开，尽是会议。会议多，文章太长，讲话也太长，而且内容重复，新的语言并不很多。”小平同志指出的电视方面存在的问题，也是报纸新闻报道存在的问题。当然，就目前来说，形式主义并不是新闻报道的主流，只是支流，但应该看到，它所起的恶劣影响是不容忽视的。当然，形式主义，亦即官僚主义，是个党风问题，既然是党风问题，就必然会在新闻报道中有所反映。但是，这不等于说我们新闻媒介在防止和克服形式主义方面无能为力，无所作为。现在，我们的一些报纸、广播、电视，不仅不去防止和反对形式主义，反而大量刊登那些套话、空话、大话很多的空洞无物的稿子。这一来，记者跟着版面走，热衷于采写剪彩、奠基之类的报道，热衷于这个节那个节的报道，热衷于跑会议，采写没有什么实质内容的会议新闻。记者采写的大量的这一类稿子，让家里的编辑、总编辑、台长们没有选择的余地，只好照登、照播，这就形成了恶性循环，变得一发不可收拾。久而久之，我们的一些记者老是浮在上面，整天泡在会议和宴会中，不愿意深入基层调查研究，采写有新闻价值的典型报道，采写提出问题、回答问题的深度报道，采写有血有肉的现场新闻。这种状况再也不能继续下去了，否则，我们的新闻媒介，不仅在防止和克服形式主义中不能发挥积极的作用，帮助党和政府反对形式主义，而且会为形式主义推波助澜，败坏党风和污染社会风气。同时，我们的新闻队伍也不可能得到很好的锻炼和提高，特别是记者不可能迅速健康成长，更不可能造就一批出色的名记者。

现在，可不可以这样说，这几年，我们的新闻改革，迈的步子是比较大的，取得的成绩是显著的，效果也是比较好的，但是也应该清醒地看到，当前，内容的改革落后于形式的改革。也就是说，内涵的加大加深，落后于外延的扩大。这在一个时期是可以理解的，也是允许的。但是，报纸、广播、电视的宣传报道质量，不是表现在外延方面，而是在内涵方面；宣传效益的提高主要靠内涵，而不是靠外延。同时，外延的扩大不可能是无止境的。在目前的条件下，处延的扩大还受到许多客观条件的限制。比如，纸张的供应和价格，读者的经济承受能力等，都是制约报纸扩大外延的重要因素。因此，不能够“人有多大胆，报纸就有多少个版”。目前，报纸一下子每天出二三十个版肯定是不行的。但是，内涵的加大加深，增加思想含量和信息含量，也就是内涵的提高质量，是无止境的。所以，今后我们的新闻改革，应该是在继续抓好形式的改革，即扩大外延的同时，用更多的精力来抓好内容的改革，即加大加深内涵，增加思想含量和信息含量。换一句来说，就是扩大外延与内涵提高质量并举，以内涵提高质量为主。要办好正刊，办好报道版，多写消息，写好消息，重新确立消息的主体地位，增加信息含量；要增加新闻性、思辨性都很强的深度报道；要精心经营评论，增加思想含量，以防止和克服头重脚轻的现象。副刊不是不重要，但更为重要的是新闻报道方面，这一点不能含糊，决不能本末倒置。作为一张报纸，报纸扩版不是现有水平的重复和膨胀，更不是一杯牛奶加上一杯水，变成两杯淡牛奶。现在，可喜的是，我们的一些新闻单位已开始注意这个问题，并在这方面下了一些功夫，作了一些有成效的探索，在既扩大版面又提高质量方面取得了一些成功经验。尽管有些做法和经验还不很成熟，有些成效也不一定很显著，但方向是对的，所做的努力是值得称道的。今后，我们要注意总结这方面的经验。

我想，扩大外延和内涵提高质量的关系处理好了，思维方式落后、报道手法单调和写作技巧陈旧的问题，报道上的形式主义问题，也就比较容易解决了。当然，这并不是说，改进思维方式、报道手法和写作技巧的问题，克服形式主义的问题，不用花力气去抓，我在这里只是就三者的相互关系而言罢了。因为，从广义方面来说，它们也是属于内容改革方面的问题，如果内容改革和形式改革，也就是内涵提高质量和扩大外延的位置摆正了，关系处理好了，我们就会重视这些问题的解决，并在实践中找到解决这些问题的好措施、好办法。

只要我们保持清醒的头脑，发扬成功经验，解决存在问题，我们的新闻改革今后将会更加健康地向前发展，将会取得更加显著的成绩。

（原载《新闻战线》1993 年第 1 期）

薪火相继

——南方报业社长总编辑

口述史

（第二辑）

刘　陶

一手抓报纸，一手抓“银纸”

时　间：2013年12月31日、2014月1月2日

采访人：曹　轲、罗永新、吴自力、王明亮

摄影/视频：郭智军　柯　佳

刘陶，男，1935年4月出生，籍贯湖北，南方日报社原社长，高级编辑。享受国务院政府特殊津贴和省政府特殊津贴。

发表在报纸上的理论宣传和评论作品300多万字。1970年写的社论《树雄心 立壮志 学大寨 赶昔阳》，当时被拍成电视新闻全文播报。1984年写的社论《经济要上 党风要正》被省委推荐给干部学习。1984年参与创办《南方周末》，1995年主持创办《南方都市报》。在任南方日报社社长期间，提出“一手抓报纸，一手抓‘银纸’”的经营理念，并开展“公关广告”、房地产、经营公司等多种经营活动，取得了良好业绩。

一、填志愿，写了十二个中国人民大学新闻系

我是先当干部后上大学的。1959 年工作了近十年之后考的大学，当时叫调干生。当年中国人民大学在全国好几个省是内部招生，我是作为干部考上的。

解放那年我 14 岁，15 岁我就参加了工作，才接触到什么叫报纸，懂得什么叫记者。当时我是在麻城县粮食局工作，搞文书，接触到报纸、杂志比较多。看报纸时看到某某记者的名字就很羡慕，后来我被调入中共麻城县委组织部工作。我们县办公室的一个同事被调去湖北人民广播电台当记者，写了很多文章，我说这个工作还蛮不错，会出名的。那时我们那个县有张县报，我经常给该报写文章、写消息、写报道。

当时有一个通讯来稿登记表，每次登记十五人，放在县报《麻城报》一版，我总是第一名，供稿最多的人。那时我不叫刘陶，叫刘光耀，光宗耀祖嘛，刘陶这个名字是“文化大革命”时期改的，“文化大革命”期间破四旧，改名成为风潮，1966 年自己写了一个声明:说我的名字有封建色彩，要改名为刘陶。刘陶是父姓与母姓的叠加。

当年县报每次公布积极通讯员我刘光耀总是第一位，剩下十五位先后照排，每半个月公布一次积极通讯员。有一次是丁先耀排到刘光耀的前面，我就很不高兴，对报社的同志说，怎么让他

排到我前面去，无非就是多一篇稿，所以刘光耀、丁先耀在那个报纸版面上打架，一名、二名，一名、二名，只有一次他站在我头上。

1952 年年初，我莫名其妙地变成了《湖北日报》的通讯员，是麻城县报向湖北日报推荐的。一篇人物报道在湖北日报见报后，一时间县机关都叫我刘记者，其实此时还是粮食局的文书，无非是经常看到报纸上有你的稿子，县广播站也照样广播报上的文章。在县里小有名气。1959 年 4 月份人民大学招生广告在《湖北日报》公布，我一看有新闻系，觉得新闻系肯定是培养记者的。按当年规定可以填 12 个志愿，从第一志愿到第十二志愿，我一共写了十二个中国人民大学新闻系。现在回想起来，当时是爱学习、爱写作、爱出名，就是这“三爱”。

1959 年考的时候，经过了很多周折，以及组织上的考察，政治审查，还有那时候一边工作一边学习，难度很大。从 1957、1958、1959 这三年在水库工地上我就利用业余时间努力把所有的初中课文、高中课文都读了，1959 年 5 月份在武昌应考的时候，每天早上八点钟买两个馒头，上到蛇山上读书，一直到七月份考试，从 5 月份到 7 月份有一个战友帮我写水库的总结。那次考试全湖北 78 个人内部考试，有本科有专科，新闻系的本科就考取了我一个，当时专科《湖北日报》的有三个，一共录取四个人。人大新闻系从我们那个时候开始是五年制的，当时人大新闻系和北大新闻系是合并的，当时只有人民大学新闻系和复旦大学新闻系。

接到录取通知之后，县里还在广播站广播了，说刘光耀考上人民大学新闻系，一天广播两次，搞得全县都知道了。因为那时候考大学的人比较少，考新闻系的更少。因为我当时接触报纸、接触到记者是参加工作以后，讲到底是那时候年轻，看别人有名气我也想出名。到了北京火车站，人大迎接新生的人一直把我从火车站接到校园门口，校园门口也是迎新生的大标语。第二天就开迎新大会，新同学上台讲话，有一个老同学讲话时还念了一首打油诗，谈到考新闻系很了不起："大名报上挂，足迹遍天下，今朝名记者，他年大作家。"听了这四句话，刚好符合自己的心愿，本来就是想出名，考了新闻系，又听到这么一首诗，看来有了出名的机会了。这就是我为什么要考新闻系，为什么要填十二个人民大学新闻系的由来。

那时候自己对复旦大学还不大了解，后来才知道有个南派北派的说法，说复旦是南派，北大是北派，南派北派的划分直到现在我也不搞不清楚。当时我们的感悟，人民大学因为在北京政治气氛、政治色彩比较浓，南派学术味道比较浓，但当时也没到过复旦，也没到过上海，这个都是后来听说的。

二、羊晚岁月，难忘麦扬、秦牧、杨奇

我是 1964 年到的《羊城晚报》，一直到 1968，才从《羊城晚报》到了《南方日报》。到《羊城晚报》来，按照那时的政策，我是湖北的干部，读了书之后要回湖北工作，所谓的定向培养。毕业后我就到了湖北，到了省委组织部，他们把我分到了对口的宣传部报到，有一个方案，就是到宣传部报刊处，当时报刊处刚成立，因为我读新闻的嘛。上班之前，组织部说你先回家休假，然后再来报到也不迟。要是先报到就不能休假，当时有一个多月的假期。在休假的过程中，本来可以休 40 天，7 月 20 号毕业，到 8 月底才工作，我在家休息不

到一周，接到一个通知，让我到中南局报到。

当时中南局在广州。陶铸当第一书记。中南局是什么概念呢，那时候，全国是六大局：华东、华北、东北、中南、西北、西南，中南局包括河南、湖北、湖南、广东、广西，当时还没有海南，它属于广东省的一个区。湖北省委组织部的同志说，你接通知后到中南局报到，限我在8月15日前一定要赶到广州，而这个时候只有服从两个字，未休完你也得走人。因为听说分到广州，我就在县里的文化馆拼命找《羊城晚报》来看，专门看广州的气候。因为有人说那个鬼地方不能去的，那个地方人比较早熟，小孩十几岁就结婚。我听了这些后就找《羊城晚报》看气温的记载。我看了一下，当时广州每年1月份最低温度是4度，那跟我们家乡不能比的，跟北京更不能比了，我是湖北人，知道气候冷暖味道。心想不管广州短寿不短寿你都要去工作嘛，所以就背个破箱子，来到了广州，到中南局组织部，把学校给的那些报到的东西都给了中南局组织部。组织部的同志说你被分配到《羊城晚报》了。

《羊城晚报》在学校接触的比较少。那个时候主要看中央一级的报纸，《北京日报》《光明日报》《人民日报》《中国青年报》看得比较多，晚报就看得比较少。《羊城晚报》大学期间没什么印象，是到了中南局，才知道把我打发到《羊城晚报》来。在学校对《羊城晚报》《新民晚报》并没有投入多少感情，阅读都投入到《光明日报》《人民日报》《中国青年报》这类中央报刊上面，地方报纸看得比较少。

当时要把广州市委管的《羊城晚报》归到中南局管，1964年我来的时候还是广州市委机关报，1962年困难时期，纸张紧张就把《广州日报》给停了，把《羊城晚报》转作广州市委机关报，但还是叫《羊城晚报》这个报名，杨奇同志是总编辑。

后来《羊城晚报》于1965年从广州市改到中南局，成为中南局宣传部的机关报，并不是中南局党委的机关报。

为了改变羊城晚报的隶属关系，陶铸有一个指示，从中南五省当年应届毕业生中每一个省选五个，学文的，学新闻的更好，那刚好我是学新闻的，从湖北选五个应届毕业大学生，武汉大学两个，人民大学一个，华中师范学院一个，还有一个是武汉师范学院的，来了五个，我是其中之一。当时是把作为广州市委管的《羊城晚报》，上升为中南局管，1964年开始储备人才，实际上这个时候的《羊城晚报》是属于广州市委管，1965年7月1号，才改成了中南局宣传部的报纸，到“文化大革命”把报头改为《红卫报》，所谓《三论顶峰》就是在《红卫报》上发表的。

《羊城晚报》的时候，黄浩是广东的调干生，我是湖北的调干生，我们两个是人民大学新闻系同年级的，他是一班，我是二班，我们两个分到羊城晚报的羊城晚报的一版，当一版的编辑。

《羊城晚报》是杨奇“统治”的，他是我的第一任总编辑，分配我跟黄浩在编辑组。那时候杨老总亲自值班，现在我们的一把手值班的比较少一些，我在南方日报当一把手的时候只是节假日的时候值班，当副老总时是一直值夜班的。杨奇同志非常平易近人，在业务上也很熟，对我们新来的这些循循善诱，对我们人民大学毕业的这批所谓科班出身的他更加传帮带帮得比较直接，他也知道我们学的是新闻理论，在新闻操作方面还有一段距离，很有耐心。当时没叫什么“社长”的，就叫“老杨”，有的时候也叫“杨老总”。后来不知什么时候兴起的“老总”，现在“部长”不叫“部长”，叫“黄部”、“丁部”，搞这一套。杨奇同志一直是老报人。我对黄文俞同志没有什么接触，只知道他是《南方日报》的老总，黄老总有时候会到晚报来看一看。当时对他是远距离的接触。

羊城晚报所谓的编辑组就是日报的要闻部，负责安装当天的新闻。很紧张啊，早上八点上班，十二点半就应该什么都搞定了，十点半记者就截稿了，进入到编辑程序，两点半就要出报纸。

我到广州先接触的是《羊城晚报》，对省委机关报看得比较少。在我的印象中，《南方日报》主要是面向党政机关，面向广大农村，而《羊城晚报》则主要是面向文化界、文艺界、知识界。我在《羊城晚报》一版搞要闻编辑有一年的时间，到 1965 年就改版了，我就到了中南局宣传部管的《羊城晚报》理论部，那时候专版叫“学习阵地”吧。我第一阶段是搞要闻编辑，第二阶段是搞生活类的编辑，当时开辟一个栏目“怎样过好业余八小时”，这个在《南方日报》是不会讨论的，只有《羊城晚报》才注重这种内容。当时我负责编辑这个栏目，来稿非常踊跃，讨论得很热烈。还有“五层楼下”的批评栏目每天都有的，还有“晚会”、“花地”副刊。后来到了中南局就多了一个“学习阵地”、专门报道“马列主义理论”。

到了 1966 年的 12 月，红卫兵把我们的《羊城晚报》封掉了。大约是 12 月 7 日吧，我们去上班，红卫兵拦住我们，说现在你们不要上班了，不要管事了，现在这个报纸不是你们办的了，你们去休息吧。这样我们 1967 年、1968 年两年就搞写大字报，后来就搞派斗，你斗我我斗你，因为我们来的时间短，比较年轻，很多老同志到 1967 年 3 月份就下到干校去了，我们就留下来办报。到了 1968 年在广州出版的三家报纸合一了，《广州日报》也没有了，《羊城晚报》也没有了，剩下一个《南方日报》。叫三报合一。

1968 年的 3 月份到 8 月份，我又到了省革委宣传办，那时候不叫宣传部而叫宣传办公室，是军管时期。我不是 1968 年的 9 月份到的《南方日报》嘛，这之前几个月把我、黄浩搞到省革委会宣传办专门给《南方日报》写言论。因为军管嘛，不能在南方报社办公，怕受冲击，那时候言论是直接从宣传办发给南方日报的。正式调到《南方日报》以后安排在第三采编组。所谓第三组：就是管理论、评论、文艺。

我来《羊城晚报》的时候，麦扬是副老总，我编的专栏由他审阅，他真是认真得很，改稿子一丝不苟，有时把我编的专栏改得一片红。我是负责“业余八小时你怎么度过”这个版，一个星期一版，他直接管我。

当时有很多笑话，我画版面，你们没有经历过，要用红笔画版面，然后用尺子去量那个字数，有一次量错了，稿子多了 2/3，只能容纳 1/3，麦扬同志就把我叫过去，说你来来来，说你文字多这么多怎么办呢。他说要赶时间，我来吧，你在旁边看。他很快把那 2/3 的文字帮我删掉了。现在都是在电脑上排版，打成小样。那时候是先发油墨印出的小样，然后再拼成大样，文字少了的话就搞个插图，多了就要删掉，因为都是领导事先看过的稿子，不能乱动。麦扬同志很耐心多次帮我，常说当编辑要细心、要认真。就是这样传帮带。麦扬到现在还健在啊，我非常敬重他。他那时是《羊城晚报》的副老总，后来就调到广州市政协当副秘书长了。

开始我做的是相当于日报夜班的编辑组，后来在理论部做编辑。《羊城晚报》在“文化大革命”以前是没有“理论”这个专版的，只有“晚会”、“花地”，常年定期副刊。到了“文化大革命”的初期，因为学毛选、毛著，才搞了一个理论版，叫作“思想阵地”，大概各个省报也是在那个时候办起了理论版，《羊城晚报》作为中南局的报纸理所当然应该有“思想阵地”这样的专版。那个时候是副老总秦牧，既管文艺又管理论。麦扬管我时是属广州市管的《羊城晚报》，到秦牧管我们理论部的时候，就是中南局管的《羊城晚报》。

秦牧对我的影响非常深刻。那真是老报人，天凉的时候，他穿的是一套灰色的中山装，改大小样那袖子上都是油墨，他负责“花地”、“思想阵地”专版的审改，“花地”是文艺版，“思想阵地”是理论版。我对秦牧同志很佩服，日常说了很多恭维、赞扬的话，好家伙文化大革命时候就成了一条罪状，说我跟杨奇、秦牧有很深的关系，动不动美化他们。文化大革命打派仗时就有个“刘陶站在什么立场”的大字报，从四楼吊到一楼，好多人都吓得不得了了，可我一点都不害怕。心想，自己刚从大学毕业，也没参与什么黑线办报的，用这样的大字报搞我，我只不过是觉得秦牧这个人很值得尊敬，而且还没用尊敬两个字啊，就遭到大字报的攻击。后来我写了四千多字的大字报进行了反击，受到好评。

所以一个麦扬，一个秦牧，再一个就是杨奇，在时政方面杨奇是我的第一领导，在他的手下我们编的时政；在麦扬同志领导下我就编那个“业余八小时怎样度过”；在秦牧领导下就办那个“思想战线”，发表理论文章，晚报这一段这三个领导，我都有直接的业务上的接触。羊城晚报归中南局以后丁希凌同志来了，当了该报的党委书记，杜导正做社长，杨奇做总编辑，是这么三套马车，所以丁希凌、杜导正、杨奇这些领导，在我踏入新闻工作后，既是领导又是导师，还是战友吧，是这样的关系。1968 年 9 月，我正式调入《南方日报》，从普通编辑干到理论部副主编，1982 年当了总编辑助理，1983 年当了副总编辑，1991 年任总编辑，1995 年改任社长。

三、化解《南方周末》停刊危机

《南方周末》是1984年创刊的，创刊的时候是丁希凌同志当南方日报社的书记兼社长，是他提出来的。1984年是改革开放初期嘛，《南方日报》以前有办《羊城晚报》的经验。

现在回想起来，提出办南方周末，当时并不是一帆风顺的。有人觉得“一张报纸搞不定，还搞第二张，搞不搞得好”，因为文化大革命过后大家都怕办报，有这样一种质疑的意见也很正常。但丁希凌同志很坚定，让我们新进领导班子的同志表示意见。“文化大革命”过后，办报的环境好了，报纸面貌应该有所改进，所以多数同意办《南方周末》，我也是举手派，也叫参与创办吧。

到我接班的时候是1991年，这时《南方周末》已经办得有影响力了，“风行”7年时间了。

开始还不叫《南方周末》，叫《南方日报》的周末版，大概半年时间就变成一张报纸，张琮同志作为副总编辑分管《南方周末》。

周末报的创办主要是适应当时改革开放以后需要，满足人民群众、广大读者和各级领导对文化生活的需求。我当老总这个时期，将四版扩增到八版。当时呢，也有不同的看法。我记得当时南方周末主编左方向我谈到扩版的想法时，开始怕我不同意，跑到我家里谈，从晚8点一直谈到12点。我说，扩版是好事，用不着翻来覆去申诉理由，我理解你们，何况你们做了一些调查，也有方案，理所当然要扩版，你放心，绝对没有问题，编委会肯定会支持，我首先表示赞成。左方听了很高兴。所以1992年开始南方周末就扩增到八个版了。

这个过程也有人吹冷风，“什么扩版，无非就是把一杯牛奶掺一杯开水”。后来他们就反映到我这，说有人吹冷风，我说这样的人总是有的，东南西北风就交替着吹嘛，你坚定就不怕了嘛，你办下去就行了，不要受吹冷风的影响。

《南方周末》后来很快由八个版到十二个版、十六个版，这个扩版应该说是很顺利的，在班子里公开，没有人反对，一呼百应，那些吹冷风的人也不敢拿到桌面上来讲，就是在暗处讲一些。而且这个扩版，后来涉及到《南方日报》扩版，《南方周末》扩版的成功，为《南方日报》的扩版打下伏笔，打下了一个方面的基础。

《南方周末》出来以后影响比较大，特别是在高校知识分子当中很有读者。我记得我的司机小唐一次回老家，他舅舅的儿子问他："你从广州来，你知不知道广州有个报纸叫《南方周末》啊？"他反问："你看啊？"他就说："我每期都看啊，我们大学生都在追着看。""那你有没有看到过《南方周末》旁边的小字呢？""没有啊，没有看到。""那你看看那几个小字。"就找来一看，《南方日报》社主办，他舅舅的儿子就说："哦，我就知道《南方周末》，不知道《南方日报》啊。"这证明当时《南方周末》在读者中的影响，他当时是大学二年级的学生，跟他表哥谈论《南方周末》，他不知道《南方周末》是《南方日报》办的，他喜欢读这张报纸，从一个方面证明这个是成功的，他是山西的人，是远离广州的读者之一。

当时读者中有些舆论难题都直接打电话过来："诶，你们《南方周末》好厉害，我有个问题想你们跟踪一下，报道一下。"一时间，南方周末成了包打天下的一个东西。在我当老总的时候就有这么一些反应。

我没有具体分管哪一份子报，我是主抓《南方日报》的。

到了 1993 年，《南方周末》登了那个"袭警案"，我也不知道，

"袭警案"出来以后，受到了批评，南方周末编辑部就搞了一个检讨，以为过去了没事。

后来什么时候发的威呢，到了1993年10月22日，收到省委宣传部一个电文：通知《南方周末》要停刊整顿。听到这个消息的时候，我正带队在开平县采访，副总编辑吴彩章的夫人就打电话给我："刘陶，你还在采访啊，发生了大问题，你赶快回来啊。老吴一听说此事上楼都上不来啊。"

我说："有这么严重吗？""严重啊，《南方周末》碰到大麻烦啦。"

我一回来就收到那个电报。我们当年每逢10月23号《南方日报》创刊之日总有一个习惯性的庆祝活动，就是把那些老领导请回来，社委一级的新老领导开一次座谈会，请他们提意见。10月23号当天，黄文俞、林若、丁希凌、张汉清、陈越平等，这些都是报社的老领导，当时都来了，来了以后呢，我要讲话的嘛，我讲话时声音不大，也不说你们来了。那些老领导就感到很异常，说："哎，刘陶，你本来是个很活跃的人啊，今天怎么像有病一样的啊？有什么心思吗？"我说："有啊。""那你就说一声嘛。"我就把那个电报拿出来，我说："心思就在这里。""你念一下。"电文中说《南方周末》停刊整顿。因为当天是礼拜二，礼拜四就要出报纸啊。

把电文一念，会上热闹起来，你说一句我说一句，支持的人也有，说担心话也有，黄文俞同志是老领导了，就说："这些事情还是服从吧。"丁希凌同志说："不行，有意见要提。"林若同志也说："你们觉得有困难，现在不是黄华华同志在管嘛，我可以跟他打个招呼嘛，请他来解决这个问题吧。"我一听呢，心里就高兴了，有老书记出来讲就好办了，但心里也不踏实，因为林若同志毕竟是退下来的嘛，他能不能扭转这个乾坤也不知道，心里一直打着鼓。

黄华华是省委副书记，分管意识形态。此时谢非同志又不在广州。那天到了晚上，吃完饭以后，我心里一直不平静，一直在家里那个红电话机前转啊转，到了晚上八点钟，我夫人就说："你今天晚上怎么了，像疯子一样，在电话机那转来转去。"我说："你不知道，有事。"她就不敢说了。我就想直接找黄华华同志，不知道行不行，那个心情紧张的，拿起三次又放下三次那个红机子，结果，还是拿起来了，打到黄华华家里。

我说："华华同志，我们《南方周末》的事情你知道吗？"

"什么事情呢？"

我说："《南方周末》，要停刊的。"

他说："啊，有这个事吗？"

我说："是啊，我们今天开报社老领导座谈会，我把这个消息都跟老领导讲了，省委宣传部发出的电报我都念了。"他说："这样啊，这个事情我还没有接收到。"

他此话一出，我就更来劲了。我说："那就请你要过问一下这个事情，因为你是分管我们的。最好是尽快地答复我。"他说："我现在就可以答复你啊，你先做出报的准备，明天开个座谈会。你如果不能来就派一个分管的同志来。"我说："那好，李孟昱同志是我们的副老总，他一直分管《南方周末》，请他来向你汇报。我可能还不大了解前面的情况。"他说："那好，明天我们开会，通知李孟昱来。"

这里不妨重复地讲一下，《南方周末》是一个省委机关报办的一张报纸，分管宣传工作的书记又不知道叫停刊的这个事情，那我的心里就很高兴了，觉得这个事情可能有办法挽救，再加上黄华华同志还指出，让一边出报一边来解决这个事情。

那时候我的压力可想而知。《南方周末》创刊了七八年，到我刘陶这里就要停刊，看这个老总是怎么当的嘛。后来又说："这件事情错得很离谱，你们又不检讨。"我一听检讨就说："那好啊，我说我们马上写检讨文章。"要写一个像样的检讨，刊登时我又说把标题搞大些，版面突出些。后来不是有一篇叫《沉痛的教训》登在《南方周末》的头版头条吗?

终于，保住了《南方周末》。一方面出报，一方面请示正在国外访问的谢非同志，直接由黄华华同志跟他通话。谢非同志也指示不要停刊，边出报边解决问题，蔡东士当时是秘书长，他跟我保持了密切联系，一天打好多电话。

后来，报纸保下了，让李孟昱同志兼任《南方周末》主编。左方同志作为原主编还是继续工作，该退休的时候退休。

后来在南宁开"周末报纸经验交流会"，报社派当时南方周末副主编游雁凌参加，还让他到中宣部检讨；把刊有"沉痛的教训"一文的报纸，搞几捆，呈送中宣部正副部长，每人一份。我告诉游雁凌，在南宁会上讲一讲自己的错误。游雁凌的发言，与会同行说我们这样处理问题是对的，接着就把正在南宁召开的这个"全国新闻刊物理论研讨会"，从南宁移师到广州来开，开得皆大欢喜，真是坏事变好事啊。

四、舆论监督，省委支持很关键

舆论监督，如果省委不支持，老实说批评起来困难大得很，批评的道路也不是那么通畅。当然报社领导，主观能动性很大。你有了主观能动性，有了省委支持，这个事情就好办了。《南方周末》被保住，固然有自己的一些主观努力，但更主要的还是省委出面了。

我记得1984年曾经在郑州介绍过经验，当年我也是领导班子的成员之一，

南方日报当时总编辑陈培在会上介绍三条经验：第一条，《南方日报》经济报道比较突出，比较密细，比较有章法。第二条，特别是农村报道，比较有章法，在全国也比较有影响。第三条，批评报道，常抓不懈。这三条在全国是有影响的，而且在《新闻战线》上刊登了文章。

在这之前，陶铸同志的时候，《羊城晚报》也好，《南方日报》也好，经常每天都有大大小小的批评报道。那个时候批评不像现在，只要批评张三李四某个单位的问题，被批评的马上整改，整改之后第二天或是第三天又要见报，有一个交代。

任仲夷当省委书记的时候，很支持报纸搞批评报道，他对批评报道有很多指示：批评报道首先要准，其次是要正确，不能乱放枪，批评要与人为善，要有结果。

这个传统一直在《南方日报》得到贯彻。《南方日报》有个来信部，专门处理读者来信，抓批评报道比较多，曹轲同志在来信部待过，所以来信部记者下去采访往往不大受欢迎，甚至开玩笑说找饭吃都很困难，安排住招待所也比较差一些。

南方日报历任总编辑在舆论监督方面，都能坚持这个传统做法。到我“当家”后期这个批评报道一直坚持不断。我们1984年批评了阳江市的一个副县长被调动一事引起风波。这年3月份开的县人代会，选他当副县长，4月份就调他到阳江市当计生委副主任，属于平调，他本人就是同意，也不合选举法，他写信到报社反映情况。

据此我们记者就写了稿子登了《南方日报》头条，“刚刚选举了副县长就随便调人，好像违反了选举法吧”。

这样一来，不得了了，惹祸了，阳江市领导很恼火，打电话说你们不严肃，我们在市内调动一个干部你们就批评。不但打电话来，而且用市委书记梁振元的名义写了差不多四千多字的信，向谢非同志告状，说把他的干部队伍搞乱了，报纸上这样一批，那我的几千干部队伍还能不能调动啊。

我说，《南方日报》一篇批评报道那么厉害，把你几千干部队伍搞乱了。我说那你对干部队伍的教育是什么样子，一下子就搞乱了，言重了吧。

谢非同志对市委书记写的“告状”信应该比较重视，他把“告状”信批给我：“请刘陶同志阅处。”他为什么这样做呢，因为我是公开报道，批评的这件事是对的，并不是乱批评啊、我当时想，信交给我处理有两重意思，一个是真的还是假的，一个是妥善地来解决问题。

第二年省里开人代会，就报上批评这事有个阳江代表对我的质询，在省政府招待所，把我请到会议厅去。我一坐下来就问：“你们今天是不是质询刘陶啊？”

“是。”

“那阳江派谁来啊？”

“梁书记有事儿，今天是文市长来主持。”

“哦，文市长主持，那文市长是不是阳江市的第二把手啊？”

“是。”

“那恐怕不行吧，我是《南方日报》的第一把手，阳江市的第二把手怎么质询我来了呢？”

我就站起来，说：“这样吧，你们要质询我的话，你们的梁书记一定要出面的啊，才对等啊，否则不对等啊。”

这个时候我就从座位站起来了，我说：“那这样吧，等梁书记来了之后再‘质询’吧。今天的这个质询我不能接受。有什么问题需要解决的，我也不是人民代表，你们有权力来质询我，我也有权力拒绝这个质询，有什么问题我们到省委那边去谈吧。我今天不奉陪，我走了。”

那些参加省人代会的阳江市的县委书记、人大代表赶紧说：“刘总你不能走啊，你坐下来啊，我们谈谈也可以的嘛。”

我说：“另外再找场合，我是因为应质询而来，而你们的主要领导不来，我不能参加。”我就走了。

为什么要这样子呢？谢非同志批示让我阅处，我心里有数。事后，当年南方日报驻阳江记者站的记者跟我说：“你那个举动搞得我们扬眉吐气啊，我们在阳江的时候找他这个书记总是不理不睬。”就是说，这一次批评报道我有理由，我批评了你，这是舆论监督，有根有据，省委也没有批评说我错了，你老兄呢反批评，不但不跟我打招呼，还写长信向省委告状。

后来，有一次开会遇见，我开玩笑说：“梁书记，你好人哦，你告‘御状’也不跟我打招呼，搞得我好被动。”他不好意思地说不谈这个事儿了。

我说是啊，不谈这个事儿了，要谈这个事儿大家都不高兴哦。

后来，大概过了半年多吧，我带队到阳江去采访，梁书记当时在香港，听说我去，马上从香港回到阳江来接待我，然后他的二把手、三把手都来了。

我说：“今天我们要好好地坐下来谈一谈，这个批评报道的问题一定是党委支持我们才行动，不是有意找茬，是大家共同的责任，不是我们报社写文章你们就反感，你说是不是这样呢，书记。”

他说：“是的是的，我当时没有考虑成熟，今天表示歉意。”

我说：“也不存在表示歉意这个事情，我说机关报机关办，你是市委书记，是党委主要负责人，我们跟各级党委关系都应是密切的，是亲密得拍肩膀的关系，所以采访也好，批评也好，搞起来就比较慎重，还要心服口服，不至于找茬。”

我觉得舆论监督在《南方日报》一直走下来，有各级各部门党委的支持，特别是省委的支持，再加上报社自己不断关注这些事情。张琮同志就比较关注这个事情，抓批评那些不正之风，那时候省纪委几次写信表扬我们《南方日报》的批评报道抓得好。

省委开明，省委支持，我们开展批评报道做起来就有底气啊，所以这个是很正确的党风。

五、一手抓报纸，一手抓“银纸”

《南方日报》在省委机关报扩版中领先，1993 年 1 月份开始，当时扩至 8 个版到 4 月份又扩为 12 个版。

报纸到了 90 年代竞争就已经很激烈，《广州日报》1987 年就是每天 8 个版，它是市报。作为省报来说，《南方日报》扩版是全国第一家。

当时广州，三家报纸竞争非常激烈，无论是报道内容、报道形式、新闻队伍，《羊城晚报》有他的读者优势，他是省委管的报纸，《广州日报》是广州市委管的报纸，他也有地缘优势，面对广州市的读者，《南方日报》虽然年纪大、创刊比较久，但是长期以来，大家把他当成农村的报纸。有人戏言：是拨佬看的！

《南方日报》历史悠久，他跟中华人民共和国是同龄的，比中华人民共和国只小23天，到我当老总的时候，还得不到市民、知识界的欢迎，是靠公费来订阅的，街上没有卖的。

我当老总，有几次到报摊上去看，问报摊主“你们有《广州日报》、《羊城晚报》，怎么没有《南方日报》卖呢？”

那个老板就从摊上那叠《广州日报》底下翻出来，说：“有啊，在这儿啊。”

“哪里？”

“在《广州日报》底下。”

“有多少份啊？咦，你怎么把他放在底下压着干什么？怎么不摆出来？”

“没人买啊。”

这对我的触动很大，就想怎么办，就想到要扩版，当时就提出要把机关报办成像春天的燕子一样飞入寻常百姓家。

一般百姓认为《南方日报》是上面看的，是干部看的，是公费订阅的，那能不能办到让老百姓爱看呢，让老百姓也掏钱买呢？光靠这四个版是不够的，你第一个版要闻，二版是地方要闻，三版是国际时事版，四版是副刊，长期这样，想要飞入寻常百姓家，必定要想点子。

扩版以后，栏目就增多啦，“女性世界”、“文化大观园”、“畅游天下”、“科技之窗”。这样一来，读者的挑选性就多了。

一次，我和日本驻广州领事馆沟通，请他们喝茶，日本领事也请我们喝茶。

我说：“你们看不看《南方日报》啊？”

"看啊。"

"你们看哪些版啊？"

"你们那个'畅游天下'，我喜欢，你们那个'每日文摘'我喜欢。"

他能讲出两个版的名目来，我就觉得不错嘛，他一个日本驻广州领事馆的领事，能说出两个版来，证明他看了。这是一个例子。还有，1993 年 4 月我出差到阳江，到处找《南方日报》来看，墙上的报架子只有一到四版。我问服务员，五到八版到哪儿去了呢？她打开办公桌子的抽屉："在这儿呢！"她把它藏到抽屉里了，这是普通读者对待扩版后的报纸。这说明你要的报纸要飞到寻常百姓家去，一定要有内容，要从内容上吸引他们，所以我觉得既要上面满意，也要群众看你的报纸，老百姓保留你的报纸。

扩版不是简单的新闻的扩大，不是新闻的加和减的问题，而是内容的丰富、内容的充实、内容的广泛才行。我认为机关报改革，一到四版主动性不大，四版以后主动性很大。一到四版再怎么改，你宣传的任务是不能绕过去的，不能回避的，那是有规定的，所以在四版后做文章，是大有可为的。

《南方都市报》也是在竞争的情况下思考的。当时除了扩版以外，因为长期运行的惯性轨道，《南方日报》在读者当中还没有打开局面，要把广州市的读者吸引过来，起码让他看到你的作品，看到你的诱人的产物。

刚好这个时候关键和张志光想办一张城市型报纸，来吸引城市读者，他们两个就想跟我汇报此事，在广州城一个餐馆里进行的，后来就出了一个"刘关张煮酒论办报"的"传说"。

他们把情况谈了以后，我就说你们这个想法正合我，正想把《南方日报》搞得影响力更大，读者更多，你们这样的考虑就完全符合我的想法。当时他们就说叫什么名字，我说叫《大都市报》吧，因为河南有个《大河报》，后来经多次商议才变为《南方都市报》，以此纳入“南方”报的系列。

当时有个《海外市场报》，又要搞一个《南方都市报》，就涉及到刊号的问题。我就想既要保《海外市场报》，又要创刊《南方都市报》，两张都要，为此，我亲自两次跑到北京去，申请的刊号到最后还是没有搞到，当时规定刊号只能减少不能增加，要我们自己想办法。

1995年3月，我们就用内部刊号，先试刊。我记得《海外市场报》出来的时候，《南方都市报》的内部试刊也同时出来。一个是公开发行的，一个是内部发行的，在东方宾馆开座谈会，省委副书记张帼英、省委常委陈越平、杨应彬等领导同志出席。主席台这边是《海外市场报》大摇大摆地摆着，另一边摆的是内部发行的《南方都市报》，没有刊号的，关键和张志光背着两捆报纸，放在那里，像摊贩一样。

哎呀，我心里好难受，一方面有正式户口，可以大大方方的宣传，另一方也是我管的，没有刊号也即没有户口。一直从1995年的3月份到1997年才有正式刊号。我1996年8月18号交班，到南方都市报正式公开发行刊号批下来是当年的年底。一次，中宣部给我打电话，说:“刘陶，你们那个《南方都市报》可以公开出报了。”我8月19号接到电话后，马上跟李孟昱说:“好消息一个，都市报的刊号批了，可以公开发行了。”

在内部发行阶段，关键也好，张志光也好，很辛苦，报纸出来以后，因为不能公开卖，就背着去“扫楼”，到处发给读者，这样子运行了一年多时间。后来程益中过来了。当时是关键当主编，范以锦作为南方日报副总编辑，分管《南方都市报》。后来李孟昱说《南方都市报》是我播种种子，李孟昱是耕耘，范以锦是收获，我说，这种说法蛮形象的嘛。播种很艰辛，终于感动了上天，代价是停了《海外市场报》。

南方日报当年发了一篇“城市包围农村”的社论，就是在《南方都市报》产生的那个时期。毛泽东不是“农村包围城市”吗？我们反其道而行，“城市包围农村”，改革开放背景下，大有必要考虑市里对报纸的需要，你不能总是让城乡读者翘着个腿看《南方日报》，你也要考虑更多的读者，这也是报纸飞进老百姓家的一个举措。机关报可以进老百姓家，机关报办的系列报更应该进百姓家，扩版也好，创刊也好，都是这样一个思路来的。

1992 年，提出一手抓报纸，一手抓“银纸”。“银纸”在广东话中代表“票子”，后来也说成一手抓报纸，一手抓票子，意思一样。这个口号在我担任一把手以后就有这个构思。

1992年，小平同志南方视察之后，提出市场经济，这个是背景。

当年 8 月全国报社总经理人员经验交流会在深圳召开，我们报社做东。参加会议的还有来自全国不少的电台、电视台的“老总”。会上，我提出了“一手抓报纸，一手抓‘银纸’”的口号，之前提出一手抓办报，一手抓经营，比较理论化一点，我这稍微口语化一点。我代表南方日报发言，讲了一个多钟头。与会者觉得这个口号既适用于报纸也适用于其他媒体，那个时候还没有网络，所以很受大家的称道。

与“一手抓报纸，一手抓‘银纸’”这个口号平行的还有一个口号是“用副业保障主业”，什么叫“副业”呢，就是指广告以外的经济实体，我那个时期报社办了大概有 27 个公司，南方经济发展公司、读者服务公司、广告公司等，这些公司有的搞广告，有的搞房地产，有的还跟人合办水泥厂。

还办了一个“东方神草”公司，投资很大，损失也很大，是个失败的企业。

搞了一个“南方日报工业城”，那是在东莞的清溪镇，当时清溪镇的领导很慷慨，欢迎南方日报到他们那里投资房地产，给我们两千亩土地。“南方日报工业城”这块矗立的招牌。每一个字都一人多高，两千亩的工业城，面积够大的了，当时想搞仓储，因为靠近深圳，用拿来出租，这样就有收益了嘛，规模是比较大的，开业时候敲锣打鼓的。后来因为镇里前任领导去了新加坡，接任领导就对这个存疑，另外我们自己也没资金打理，当时的招商观念也比较淡薄，放置了一定时期后就放弃了，因为那土地你不是花钱买的，是跟人家合作，所谓的合作是让我们来投资开发，通过我们这个平台去招商，促进当地的经济发展。

还有跟罗定县委书记梁伟发合作，以两家的名义搞了一个水泥厂，是从荷兰进口的很先进的水泥机器。当时罗定在县城办飞机场，全国数以千计的县城，只有罗定有飞机场，奠基那天我去剪彩啊，那个时候梁伟发当县委书记，想法蛮多的。我刚好跟南航第一把手于总熟悉，他是飞行员出身的，他开个小飞机，我们两人从白云机场坐飞机，去参加罗定的机场剪彩。现在反正没听说罗定有飞机场吧，它大概生存了若干年。

这就是为什么我跟他们关系这么密切，我跟他们办水泥厂，他搞飞机场，无非是合作办经济。还有龙门县，我们也与当地合作办了水泥厂，像这样生产性的，有好几个地方。

第二项是办《南方日报》的广告公司，是媒体自己办的广告公司。省委机关报直接办广告公司，是南方日报的首创。这之前都是靠社会的广告公司，广东省广告公司是上市公司，是比较早的广告公司，但不属于我媒体本身的。当时办广告公司也是为了扩大自己的实力，扩大自己的经营范围，就把中山站的站长请回来筹建这个“南方日报广告公司”，办公室要装修，让我提意见。当时我的办公室在五楼，我说，你们广告公司要装修办公用房，我提不出具体标准，标准就是要比我刘陶的办公室富丽堂皇十倍才行，人家跟你谈生意才像话。

南方日报自创刊以来，国家没有什么大的投资，还对国家有很多贡献，不是哪一任总编辑的功绩，是历任总编辑都是这样。但是到市场经济要扩大发展的情况下，你不能不发展，所以当时思路还是很清楚的，除了写好稿子，报纸办得很漂亮，有人看以外，你还要有经济实力，手中有把米才行，没有米，基（鸡）业就不能来。

你当报社的第一把手，文章写得再漂亮，工资发不出来，报纸印不出来，福利没有办法解决，你要扩大事业规模没有办法解决，当什么第一把手啊。在国外就是这样，总经理比总编辑牛得多，总编辑要看总经理的眼色行事，总经理抓钱搞实力。这个在我的脑子当中根深蒂固。我喜欢说，“老板办报”嘛，老实说，在实际办报过程中，深感没有钱的苦处，所以办副业来保障主业，天经地义。

我们现在的这个楼，当时是拨款 1800 万来建。后来有个政策变了，到张琮时期就变成拨改贷，陈培时期也是，贷款意味着你要付利息，到刘陶时期还是拨改贷。当时他们催还贷款，我说：“你们之前是拨款，现在改成贷款，是你们政策变了，我这不能变，变了我没有钱。”我就是这样讲的，我说：“你们当省领导的人，你得体会我们的难处，又要把报纸办好，又要把事业办好，又不给钱，你叫我怎么办嘛。”

1995 年 2 月份，中宣部开全国省报总编辑研讨会，我在两个组——中南组和西南组——当组长，向中宣部长丁关根汇报大家讲座的情况，重点汇报了报社如何搞好经济问题。

中宣部当时把我们南方日报当富人，比如说让我们支持边疆，支持少数民族地区的同行，我们当时花了 30 万买了一部越野车，送给《西藏日报》。我们报社实际上没有钱，但名堂出去了，传到中宣部去了，“我知道你们做了贡献，你们还要继续贡献。”意思就是让我们再支持两百万。当时我的头就大了，这么大的数字！支持干什么呢，说是要支持培养少数民族地区的新闻干部。

我坐在第一排，丁关根在上面做报告：“你们要做贡献啊。”我就笑了一下。“诶，刘陶，你笑了哦。你是不是要表态啊。”我吓得出汗，我说我们回去研究。这就是我们抓经济、办公司，也确实有那么一点收入，就形成了“假富人”的味道，刚好 5 月份就搞了一个全国省报好稿件的评选会，让南方日报做东。全国除了上海市外，一共二十七家老总参加，其中十九个省委机关报的一把手，其他是副手，我们开了一个“全国党报好稿评选会”。那次与会者跑了广东的九个市，所到之处，谈报道、谈经济、谈报社的经营，那是出了风头。跑了珠三角的九个市，包括广州市，在广州市最有味道啦。到广州市那时候是高祀仁当书记，朱小舟当宣传部长，在东方宾馆举行宴会，热烈异常。

全国省报的负责人并不是冲着《南方日报》办得好，而是冲着你是假富人而来，冲着广东这片改革开放的热土而来。办省报大家都彼此彼此啦，负责人负责写社论、评论文章、抓典型报道，这没有多少高明之处，关键是要两手抓，善于和敢于抓经济。

所以一个时期，人心、社会影响，以及当年《南方日报》在社会当中的影响力，报社的地位，这个不是哪一个人的问题，省委机关报到我当老总的时候已经四十多年了。

我总在想当时的口号经得起时间的检验，到现在你还是要抓经济、抓“银纸”的嘛。像我们南海基地，没有经济起得来吗？这个思路是连贯性的。

当时的理论就是市场经济，市场比市长大，有问题不要找市长，他就是批个条子了不起两千万，但是我找市场就不只两千万了。当时就是这个思路。

现在想一想，经营管理的人才确实难得，写文章的人去抓经营是有问题的。写文章的人是一个字一个字地“抠”，我自己是写文章出身的，真是没什么出息啊，就在那“方格”里面爬来爬去，搞经济就不同，他思路开阔，办起事来不一样。

文人为了一个标点符号半夜三更起来干，经营管理的人思路是我这一笔要赚多少，下一笔要赚多少。很可惜，我应该早一点抓经济，过去我们长期以来机构不合理，好像报社就是写文章，所以为什么我搞那个纪念社庆的《同心册》，那些在报社工作几十年的工人很高兴，全报社过去和当年两千多个员工，个个都有头像，两千多个标准像，都彩印在纪念册上，人人都上了“书”。报社搞大型的纪念册应该是从四十五周年开始。能够写到本报记者的人还是少数，更多的人都是默默无闻地在那里当工人、值夜班、跑腿、吃苦，他们一辈子在南方日报几十年，没有地方表现自己。那本纪念册我还写了一篇文章《都有一颗爱社的心》，意思是想加强大家的凝聚力。五十周年的时候，我还写了一篇《只不过普通一员》，登出来之后，有人说你那个

“只不过”应该删掉嘛，我说：“你们错啦，如果是‘普通一员’就不符合我的实际，‘只不过’表明我的身份不是普通一员，但是我思想上是当普通一员的。同志们，你们不要搞错了，我是讲究文字的啊，不要认为我当老总是随便当的嘛，‘只不过’三个字不能改的啊。”

我沾了《南方日报》很大的光，总编辑头衔套在我头上，社长头衔也套在我头上，记协主席、报业协会会长、全国报业副主席也都套在我头上，荣光得很，那个不是刘陶的本事，是《南方日报》的影响力。

1995 年 8 月份进行改制，改总编辑负责制为社长负责制，原来的说法是总编辑领导下的编委负责制，到改社长的时候，社长领导下的两总制，总编辑和总经理。我又冠以社长的头衔。

六、处理好各方面关系的艺术

我是在报社就提倡叫张三李四的，叫我“刘老总”、“刘社长”，我好不自在，我毕竟是记者——编辑——助理——副老总——老总，这样子来的，都是很普通的关系。

报社有个传统，领导和被领导那是一条战壕的战友，你作为领导你有你的责任啊，你有你要办的事情，一方面你要尽职尽责，一方面你要注意上下沟通的问题。

我在一篇文章中说“一个人办不了一张报纸”，报张是群体劳动，当然在打游击的时候有可能一个人办一份报纸，那不叫报社。真正的报纸是需要印刷的，一个人很难搞的嘛。

我的意思是强化群体意识，我觉得《南方日报》问世以来，省委领导从陶铸时期开始，一直到后来的一些领导，军管时期例外，像林若、谢非都是很支持报纸的。

比如说我长期写言论，文章要送审，不少省委领导审阅过我的文章，有的领导很亲。

当时规定社论一定要送省委，省委书记第一把手点头签字，起码秘书要认真看，报社社论总编是不能签发的，本报评论员的文章可以签发，重要的涉及到全局性的，带有部署性的你要发社论，还要经过宣传部的领导看。

我记得写了一篇“经济要上，党风要正”的社论。当时是谁来了呢？省委书记吴冷西分管文教，他在上面批了“此文写得非常好，立意正确，论述深刻，文风清新”。陈培当时是总编辑，我是副老总，陈培看了批示，“哦，这个批语了不得，吴冷西可是内行哦”。吴冷西是人民日报社的社长，毛泽东的大秀才，参加过“九评”的写作。我写评论给省委领导看，他要先把关。林若当省委书记时，对我写的言论多次表扬过。

《昌言集》是改革开放以后所写，起码经得起短时间的考验，不是几天，到现在翻出来看还是可以的。这之前写的那种文章，现在都不敢看，看了就脸红。我正是写作旺年的时候，写的都是那种跟风的文章，叫做“颂圣”的文章，我自己这样说的啊。特殊时期，特殊文风，不值得仿效。

我长期搞言论工作，真正到基层采访的机会比较少，要采访也是省里面的机关，省委召开的干部会议，跟省委接触得比较多。

新闻是要抢的。回过头来讲，1986 年陈培当总编辑的时候，国民党有架飞机，就降落在白云机场，当时我是副老总，分管政法，要我来处理，后来记者许庆雄想办法进入现场了。那时候是旧机场，那架飞机从白天鹅那里过来，机翼上国民党的党徽很明显，从来没有国民党的飞机过来，《广东画报》记者林玲马上就把他拍了下来，过了一段时期之后，那飞机又从那个地方飞走了，他又拍了下来，所以后来标题就是《来去自如》，这照片得了国际什么奖，这个不得了啊，是记者的敏感性啊，这个记者就把它抓住了，把它拍了下来，一张来了，一张走了，来去自如。

好像海珠桥，国民党逃跑的时候炸掉的，也是我们《南方日报》的记者拍下来的，后来成了重要的历史见证资料。所以我们报纸工作者，是历史事件发生的见证人。我们今天在这里采访的东西，明天就成为真实的历史。

《来去自如》那张照片报道的多厉害啊，他说明什么问题啊，他涉及政治啊。所以说他没有这个文化，他也不会去拍照。我觉得呢，像省报级的总编辑，主动性比较大，那当然广东这个地方另当别论了，他毕竟是一个沿海城市，毕竟跟外界的接触更多，所以全国性的新闻研讨会，人家都说："刘陶你再讲一讲啊。" 1992 年邓小平南方视察后，广州成为改革开放的前沿阵地，我接待了四个来广东参观的省委宣传部长，当时省委宣传部没有那么大接待力量，我们帮他接待。说明广东吸引力大。

我写言论还没有得罪过什么人，《昌言集》是正面的多，《今日河源连五洲》《梅州的新崛起》《海丰上来了》《实干兴市》，全部是这些鼓动性的东西。

来信部是专门搞舆论监督的，那种监督叫有起有落，有结果。我觉得这些都是经验，监督要有，但是你的主观能动性要尽量发挥出来。

舆论监督在没有发现新的问题之前，我相信我们的记者。这个话我就是讲的要有主观能动性。有时候，一个批评报道一出来，就有来自四面八方的说情，听了说情就不批评了那我派记者下去干什么？而且来信部是专门调查一些群众来信反映的问题，我派记者去调查，我是相信你一个电话呢，还是相信我的记者呢，当然是相信我的记者了。

当时来信部记者下去，被看成是“找茬儿”的，人家另眼相看。接待也好，介绍情况也好，他都敬而远之。我说你不管他，你照样执行。相信我们的记者这个话、这个信念，到现在应该也不过时吧，总之，要支持记者搞舆论监督不能被说情蒙住了眼睛。当时《南方日报》的来信也好，批评也好，这个都是有讲究的，很强调“批评要有事实根据，批评要有一个正确的态度，批评要有一个好的结果”。所以记者要搞舆论监督要对所涉及的事情有个正确的判断，你搞出来要经得起检验，你就不怕问报社打电话，就算打电话到总编辑，他有一个坚定的支持态度，那就好办了嘛。

那时候我们跟县委书记、纪委书记关系相当密切。我经常下乡，我下乡有个特点，我不让他们先打电话下去，搞一些官场接待。我这个人喜欢吃路边店，我走到哪里吃到哪里，我不要新闻秘书、办公室主任接待陪餐，有几次我去采访，问我：“今天是不是到县委吃饭？”我说：“不行，哪里有个路边店，就去哪里吃。”

记者是膝盖当桌子的人，搞官场那一套做什么，你采访拿个稿纸在那写就可以了嘛，你搞官方那套送往迎来不得了啊。所以有一次到汕头去采访，中途经过一个县，当时他们整了一桌子菜接待我，我说对不起啊，“我要赶路，谢谢你们”。我很少也可以说没有在中途吃官方的宴请，都是在路边店吃饭。

附录　刘陶谈报社管理、党报优势

一、论老总抓总

这里所说的“老总”，指的是报社的第一把手。因为现在全国报社的体制还不统一，有的是总编辑负责制，有的是社长领导下的总编辑、总经理负责制，也有的是“一肩挑”——社长、总编辑集于一身，还有的是党委书记负责。我们南方日报是去年 8 月由总编辑负责制改为现在的社长领导下的总编辑、总经理负责制的。

作为省委机关报的第一把手，社长负总责也好，总编辑负总责也好，怎样才能带领报社同仁团结奋斗，使省委机关报经受住市场经济的考验，以坚实有力的步伐走向市场？我认为，最重要的一条，是要真正做到“老总抓总”。也就是说，对报业的发展，第一把手要有总的思路，要抓总的策划，要促总体推进。

总的思路——抓两手

在市场经济条件下，省委机关报已经从过去依靠财政拨款，变为自负盈亏。那么，在几十年来先天不足、没有多少积累的情况下，省委机关报怎样才能养活自己、发展自己？作为报社的第一把手，我想首先要有一个总的思路，做到胸有全局。

当前，我们面临的形势是，经过 17 年的改革开放，报纸的买方市场已在我国初步形成。省委机关报被推进市场之后，遇到了严峻的挑战：一方面是城市报、晚报、小报、行业报与我们的竞争越来越激烈，一方面是原材料年年涨价，成本年年提高，离退休人员年年增多，报社的负担越来越重。在这种情况下，如果仅仅抓办报而不抓经营，不抓报业经济的发展，那么报社的出路只有一条：关门大吉。我们应该有这种危机感、紧迫感，迅速转变旧的过时的观念，大大增强市场意识，把报社的大门朝着市场开，把报社的经营抓上去。只有这样，我们的宣传导向，我们的宣传效果，我们的人才培养，我们的技术进步，我们的职工福利，我们的事业发展，才不会受到经济条件的制约。反过来，我们当然也不能丢开报纸来搞经营。这是因为在目前的条件下，报纸还是报业的主体，报社的收入主要还是靠广告。如果不把报纸办出特色、办出高质量，我们就吸引不了广告，发展不了主业经济，自然也就积累不起足够的资金，去拓展非主业经济。

基于这样的思考，我在 1992 年就提出，报社老总必须一手抓报纸，一手抓“银纸”，或者说一手抓稿子，一手抓票子。通过这几年的实践，我又进一步体会到，报社老总要抓总，首先必须牢牢确立“两手抓”的思路，这两只手都要硬，不能一手硬一手软，更不能重视一手偏废一手。报社老总真正做到“两手抓”，就能既靠办好报纸促进实业，又靠发展实业保障报业。

南方日报几年来的实践，已使我们尝到了坚持这个总思路的甜头。就抓报纸这一手来说，我们在《南方日报》从对开四版增至对开十二版、率先天天出彩报的基础上，不断深化报纸改革，从 1985 年开始，每年都召开一次全省新闻秘书会议集思广益，研究报纸改革方案，努力将省委机关报的权威性、指导性与服务性、可读性结合起来，使报纸既走进机关大院，又进入百姓之家，既受到省委领导同志的肯定，又受到广大读者的普遍好评，今年的日发行量达到 80 万份，连续第十年居全国省、市、自治区党委机关报之首，实现了“十连冠”，为吸引广告、积累资金、发展实业创造了良好的条件。

在抓“银纸”这一手方面，我们首先突出抓好广告经营这个大头，每次骨干会议几乎都研究广告业务，发现问题立即采取措施解决，使《南方日报》的广告收入从 1993 年起连年超亿元，去年在宏观调控偏紧广告市场偏淡的情况下，广告收入仍与历史最高水平的 1994 年基本持平，达到 1. 5 亿多元。此外，我们又不失时机地办起了一批实业，为报社经济的大发展打下了基础，积蓄了后劲。

总的策划——抓优势

从报业发展的角度来说，省委机关报的“老总抓总”，不是随心所欲，不是即兴而至，而是要紧紧盯住省委机关报的优势不放，注意抓好总的策划，力求报纸布局和实业布局的合理性，实现优势互补。

在对南方日报的事业发展进行总的策划时，我们一再反问自己：南方日报的优势究竟在哪儿？经过反复的思考和分析，我们找出了她的优势所在，并依据这些优势作了相应的策划。

一是围绕《南方日报》的权威性和影响力的优势来开展策划。我们认为，省委机关报的长处具体体现在反映中心工作、开展政策宣传以及实施舆论监督上，因此她的权威性、可信性和影响力是其他报纸所不能比拟的；她的短处在于过去对社会新闻、与群众生活有关的新闻报道重视不够，因而还未能拥有最广泛的读者。根据这样的分析，我们在抓总的策划时，着眼于补短扬长，在努力加强可读性、服务性的同时，特别注意扬己之长，围绕权威性和影响力来做文章。在报道上，我们每年都策划几组有分量的反映中心工作、开展政策宣传及实施舆论监督方面的系列报道，如前年的珠江三角洲经济区、抗洪救灾等系列报道，去年的军人好母亲姚慈贤、粤东走私摩托车市场等系列报道，今年第一季度的中英街上活雷锋陈观玉、新丰县一管理区电站被贱价出卖造成集体资产流失等系列报道．都在读者中引起强烈反响。在坚持正确舆论导向的同时，我们加强贴近群众、贴近生活的报道，以适应读者的需求，努力扩大读者面。在经营上，我们尤其注意发挥这方面的优势。前年，广东不少新建市希望借撤县设市之机，宣传自己的投资环境，以提高知名度，吸引外地资金，促进当地经济再上台阶。我们立即加以策划，利用省委机关报的权威性和影响力，不失时机地推出了“公关广告”专版。结果，刊登“公关广告”专版几乎成了南方日报的专利，所有新建市都在南方日报刊登了“公关广告”。今年是“九五”计划的第一年，各地都在总结“八五”成就，制订“九五”计划。我们经过精心策划，于年初推出“热烈祝贺南方日报发行‘十连冠’”，广告专版，让各地通过在本报刊登祝贺广告，把当地“八五”成就和“九五”打算详尽、系统地反映出来。实践证明，这一策划非常成功，全省 21 个地级市以及不少县（区）、镇和企业，都在南方日报刊登了祝贺广告。

二是围绕《南方日报》系列报刊各具特色的优势来开展策划。我们的一个优势，是所办的几个系列报刊各具特色，适应了各个阶层读者的需要，因此我们在着眼报业的发展时，也围绕着这个优势来策划。比如，《南方周末》的发行量已经连续 3 年超过百万份，考虑到她在全国影响很大，对广告客户极具吸引力，考虑到双休日制度在全国的实施，读者周末读报的时间更多了，我们经过策划，决定从今年起，《南方周末》再次扩版，从对开 8 版改为对开 16 版，向综合性大型周报的方向迈进。从第一季度的情况来看，扩版是成功的。又如，考虑到农村城市化的进程越来越快，城市在市场经济中所起的作用越来越大，我们经过策划，于去年初试办了面向城市读者的《南方都市报》，至今已试刊了将近一年，在读者和新闻界中反映良好。

三是围绕南方日报在各地设有记者站或办事处的优势来开展策划。至目前为止，南方日报在广东 21 个地级市以及海南、北京、上海、香港等地都设有记者站或办事处，可谓占有“地利”和“人和”。这也是我们的一个优势，我们充分发挥这个优势，即使各地的信息迅速及时地反映到报纸上来，提高了报纸的质量，又利于我们在有条件的地方征地建房办实业。在海南、佛山等地，我们实行征地建楼后出租的方法；在深圳、珠海等地，我们实行自己建楼自己经营的；在东莞，我们与清溪镇政府合办“南方日报工业城”，首期兴建 10 间平均建筑面积为 1. 7 万平方米的功能齐全的标准厂区，将于近日动工。此外，我们还与三水、罗定、龙门等市县合作，兴办了一批较有发展后劲的实业。

总体推进——抓重点

省委机关报的“老总抓总”，既不是眉毛胡子一把抓，也不是具体去插手某一个项目，而是要抓重点，抓主要矛盾，实现报业发展的总体推进。

那么，什么是报业发展的重点问题呢？我认为首先是人才，尤其是经营人才。与国外的一些报业相比较，我国报业最大的弱点恐怕是缺乏经营人才。有人说，“秀才办不了经济”，对此我不敢苟同。相反的，我认为，秀才知识面广、思路开阔，面对风云变幻的市场经济，需要有秀才型的经营者，不是有很多文人下海成功的实例吗？我们不能在这个问题上陷入盲目性。不过，这也从反面提出了问题，那就是，报社老总抓报业发展的总体推进，必须把挖掘和使用经营人才作为重点。报业需要的经营人才，既要熟悉报业，又要有经营头脑，的确不好找。几年来，我们一直在这个问题上动脑筋、下气力，立足于在现有人员中挖掘，现在已初步建立起一支经营队伍。我们的三位副总经理，我们广告公司的经理和一位副经理，都是编辑、记者出身。他们正在逐步熟悉经营工作，逐步成熟起来。

除了人才问题之外，报社老总要抓报业发展的总体推进，一个重要的问题，是要抓管理。报业经济是近年来才起步的，我们对此缺乏经验，因此加强管理就显得更为迫切、更为重要。从南方日报社几年来的实践看，也说明了这一点。报社下属的物资公司有人偷偷在外面成立私人公司，以致发生携公款潜逃的事件。这使我们警觉起来，决心变坏事为好事，切实加强管理。我们相继成立了经济管理委员会、总经理办公室和经管系统党总支委员会，提出了“加强民主决策、加强内部管理”的工作方针，制订了《关于加强公司、办事处管理的几项规定》、《南方日报经营管理人员纪律守则》等几个文件，对经营部门及其工作人员“约法八章”：一是守土有责；二是加强请示汇报；三是遵纪守法，办事讲原则；四是廉洁公正，不贪不沾，不徇私情；五是任劳任怨，满腔热情地做好工作，六是广开言路；七是加强学习，提高素质；八是加强政治思想工作。此外，我们还积极推进二级核算的做法，既强化了管理，又调动了各单位搞活经济的积极性。

值得一提的是，在抓报业发展的总体推进时，报社老总还不能忽视抓协调。这里所说的协调，包含三层意思：

第一层意思，是指采编部门和经营部门的协调。有些事情，要靠两条线协同作战才能搞好；有些事情，需要以经营部门为主，采编部门配合，有些事情，需要以采编部门为主，经营部门配合。在这种情况下，报社的第一把手就应该出面，抓好协调工作。

第二层意思，是指主业经济与非主业经济的协调。在目前的情况下，报社的收入主要靠广告，因此突出抓好广告这个大头，发展主业经济，无疑是正确的。但这并不是说我们只能停留在抓广告的水平上，不去考虑发展非主业经济，或者在抓非主业经济时，只是“小打小闹”，流于应付。应该看到，市场经济的市场不是在报社内，也不是在报社的大门前，而是在广阔的大千世界；市场经济千变万化，今天热门的行业，明天可能变成冷门，今天尚不起眼的行业，明天可能宏图大展。所以，在有条件的时候和地方，我们还是要积极兴办一些非主业经济的实业，以增强报社发展的后劲。将来，我们要靠发展实业来保障报业。《南方日报》近几年来之所以在抓主业经济发展的同时，在发展非主业经济方面布了一些点，如兴办水泥厂、玻化砖厂、真空镀膜玻璃厂、“工业城”，等等，就是出于这方面的考虑，着眼于长远，注意了这两方面经济的协调发展。

第三层意思，是指发展步伐快与慢的协调。报社发展经济，既要尽力而为，快速发展，又要注意量力而行，留有余地。报社老总在抓总体推进时，就要注意发展步伐方面的协调。前段时间，我们发现长线投资规模过大，步子迈得过急，与报社财力不相适应．便及时地做了调整，对两个较大一点的公司不再投入资金，或者让其在现有规模上“自我滚动发展”，或者让其对现有项目加强管理，抓好回收。我觉得，抓好这方面的协调，也是非常重要的。

（原载《新闻记者》1996 年第 5 期）

二、发挥党报优势　党报首先要扬自己之长

今年 2 月，在中宣部举办的全国省级党报总编辑研讨班上．来自全国各省、市、自治区的同行们有一个共同的心声：在改革开放中，在市场经济条件下的报纸竞争中，党委机关报首先要扬自己之长！我

对此从心底里表示拥护。

这句话敲到了鼓点上。从我们南方日报来说，改革开放以来，几乎年年在谈改革、搞改革，尤其是近几年来自认为改革步子还是跨得较大的。我们的口号是："常念改革经。"

还提出要"日日新，步步高"。这些口号谁也不会反对，谁也推不倒。但改革中还是会碰到不少困扰和难题。经过多年的探索和实践，我们的认识越来越清醒，深深感到，在党委机关报的改革上，不管你怎么改，不管你怎么变，应该是"万变不离其宗"。这个"宗"，就是必须坚持党性原则，坚持为人民服务、为社会主义服务的方向，坚持以正确的舆论引导人。离开了这个"宗"的所谓改革，或者抛弃自己的长处的任何改革，那只能是想入非非，也非失败不可。

党委机关报的长处是很多的，我虽然当了多年的报社负责人，让我说出个性化的长处来还真有点犯难。但从我们南方日报所走过的路程来看，比较突出的是三个方面：一是对党的路线方针政策和党的中心工作宣传上的权威性，二是对经济建设宣传上的权威性，三是舆论监督或者说批评报道上的权威性。这里所说的权威性不是自封的，而要获得广大读者的认可。特别是在政策宣传上，机关报与广大读者的心贴得较紧，受信赖程度最高，影响力最持久。当一项新的政策开始实施的时候，在人们还不可能一下子见到政策条文的时候，读者总是喜欢说："那不，党报上是讲了的！"或者说："这项政策报纸上都有。"记得改革开放初期，在广东还出现这样的情形，有的读者把宣传有关政策的南方日报当作"红头文件"锁在箱子里，时不时拿出来学习和重温，或者拿它当作尺子，与那些不认真执行政策的人展开辩论。可见，党委机关报的这种权威性是深入人心的。

党报在政策宣传上的权威性过时了吗？提出这样的问题似乎好

笑。其实不然。近些年来，由于一些人的政策观念有所淡化，加之我们在政策宣传上有时不够鲜明，又由于各种各样的小报经常不负责任地打“横炮”，宣传一些似是而非的政策问题，客观上“抵销”了党委机关报在政策宣传上所产生的影响，所以在一段时期内，曾经在读者中出现另一种反映：“不要听它报纸上讲的那一套！”我们南方日报的同志听到这样的声音时，不怨天，不尤人，还是首先问问自己：你是不是丢了党报的本分？如果是，那就要警醒起来，在政策宣传上不能摇摆；同样，你在这方面的报道，是取信于民还是失信于民？如果是后者，那就要幡然悔悟，否则，党报的权威性就会大受影响。

我之所以在政策宣传这个老掉了牙的本分问题上啰唆来啰唆去，是因为我们在深化报纸改革时，有一种意见认为，似乎机关报的这种优势不及某些报纸报道的社会新闻影响大、方面广、轰动效应高，因而觉得政策宣传做不出什么奇妙的文章。其实，这是一种误解，或者说只看到问题的表面。诚然，机关报也要认真经营好社会新闻，要使多层次的读者买你的账，但是，社会新闻的背后有着较强的政策性问题，我们的责任就是要通过一则又一则的社会新闻，去印证政策的影响力和正确性。无论什么社会新闻的出现及其所产生的影响，无非从正面或负面反映出一些政策问题，作为机关报不单要把社会新闻事件告诉读者，还应把它与党的政策是否得到贯彻联系起来，如果社会新闻也有个思想深度的要求的话，那么用政策这根红线去贯穿社会新闻的宣传就比较完整了。《南方日报》在下半年对待广东扫除“黄赌毒”的宣传上，与别的宣传一样，坚持了以正面宣传为主的方针，针对一些人认为“广东无净土”的错误思想，我们及时报道了广州流花宾馆、白天鹅宾馆等较有名气的宾馆，在有力地抵制和扫除这类社会丑恶现象中作出的贡献，树立了几面旗帜，使人看到，即使“黄赌毒”

在广东有较大危害，但还是“道高一尺，魔高一丈”的。在正面典型有血有肉地树立起来的前提下，我们也揭露了像增城市一些角落里利用发廊作掩护搞卖淫嫖娼活动的反面典型。这个反面典型的披露，是本报记者与省公安厅的专业队一起进行“微服私访”的结果，是一篇“身历其境”的目击性的报道。一经披露，不仅社会各界为之震惊，连当地的党政领导也不得不承认揭露得很准确，要服气，要整改，要解决问题。这是一次击中要害的反面典型报道，社会影响极大，在对这些客观存在的社会丑恶现象的报道上，有一个总体考虑，即不要今天这里捅一刀，明天那里射一箭，搞不负社会责任的“轰动效应”。这种对揭露问题性的社会新闻的经营同样要坚持正面宣传为主的办法，该“立”的立得令人信服，该“破”的破得让人拍手叫好。因而党委机关报的权威性尽在不言中。我们经常告诫自己：那种揭露问题而又不寻求解决问题的报道方法，是一种“拉屎不揩屁股”的方法，是很不足取的。

这次在总编辑研讨班上，除了机关报要扬自己之长的这句扣人心弦的强音萦绕耳际之外，还有“高出一筹”这四个字耐人寻味。把党的机关报办得“高出一筹”，是党中央对人民日报的要求。我们在下面办报的人，也总是在多方面地向《人民日报》学习，多年来一贯如此。但作为中共广东省委机关报的《南方日报》，在广东省的范围内，他应当向自己提出把报纸办得“高出一筹”的要求。这应该是自己的天职，是历史的使命，是广大读者的要求。研讨班结束后，我在向报社同仁传达丁关根同志的重要讲话和中宣部的指示精神时，就提出了要把《南方日报》在当地办得“高出一筹”的要求，我们报社的同仁也有这样的强烈愿望。这其中就有个正确地认识机关报优势的问题。《南方日报》今年将满45周岁，在漫长的办报历程中积累了几代人的办报经验，报社有各种年龄层次的办报人员，很有点“江山代有人才出”的味道，事业的发展也如日中天。因此，要把南方日报办得“高出一筹”，它的起点，不是在空中，不是在天上，不是跟在别人的屁股后面亦步亦趋，而是建立在对自己优势的充分认识和准确的把握上。只有这样认识问题和对待问题，“高出一筹”才有坚实的客观基础，不然，左顾右盼，别人搞个什么你也搞个什么，老是拾别人的牙慧，老是瞪大眼睛“仿造”，到头来“驴不驴，马不马”，除了让别人听笑话、看笑话之外，别无他有。这叫“舍本逐末”，是最没有出息的；说得重一点，是失败的。我们能这样做吗?!

机关报首先要扬自己之长，怎么个“扬”法？这里的文章深奥得很。我作为这次总编辑研讨班的一个学员，眼下只是懂得要作好这篇文章的一些道理，我把它抛出来，引到我身边的必将是一块又一块的宝玉！

（原载《中国记者》1995 年第 4 期）

薪火相继

——南方报业社长总编辑

口述史

（第二辑）

李孟昱

任上做了五件事

时　间：2013年7月11日、9月27日

采访人：曹　轲、罗永新、吴自力、王明亮

摄影/视频：郭智军　柯　佳

李孟昱，男，1941 年 7 月出生，籍贯湖南，南方日报社原社长，高级编辑。曾获中国新闻奖一、二等奖，国家新闻出版总署科学技术奖一等奖，被评为全国报业先进经营管理工作者，享受国务院政府特殊津贴。

组建全国省委机关报首家报业集团——南方日报报业集团，《南方日报》的主体地位更加突出。在全国率先成功推行省委机关报自办发行，全省 90% 以上的乡镇当天可以看到南方日报。将《南方都市报》由周报改为日报，在三年内扭亏为盈，成长为全国最有影响力的都市报。引入社会资金，创办《21 世纪经济报道》，按照“党委办报，经营者持股”的理念，集团连同该报经营者共持股 60%，成为全国第一家尝试建立相对规范的公司治理结构的报纸。

1996 年 8 月，我接任社长的时候，碰到整个报业集团经济下滑，三个公司亏了差不多两个亿。我一上台，就搞了个财务制度，报社支出 20 万元就必须三个人共同签名，总编辑、总经理和我三个人签，如果没有三人签名，财务可以拒绝付款。

当时南方日报经营不是说不行，不管怎么说它还是省委机关报。但是广告就不行了，所以经济比较困难，发工资还要靠银行贷款。

我作为社长，要节省所有开支。例如，广州市地图上标一个名字就要我们出三千块，我为了节约三千块，就不出这个钱了。我心里想，广州市地图，不标南方日报是什么意思？结果，这张地图标有羊城晚报，就是没有南方日报。又如，香港的文汇报牵头要给我们在香港做个报纸展览，事实上，这个展览的效果不怎么样，就是我们花钱他赚钱，我就没有参加。南方日报不参加，他们以后也不再搞了。

我上任之后，吸取经验教训。当年，样板戏《龙江颂》有一句台词，“堤内损失堤外补”，有人借此作为办报经营理念的形象比喻。意思是办报有亏损，从办公司赚钱来填补。但是秀才做生意，三年不成，一亏就一两个亿。我就不做“堤外”，做好堤内。做好“堤内”，就是办好报纸。

当时改革就是四大类，第一大类，调整南方日报的报业结构，优化报业结构，至少六个方面。比如说投资南方日报革新印刷技术，南方都市报由周报改为日报，创办《21 世纪经济报道》，办体育报纸，就是《南方体育》，还有就是组建南方日报出版社，创办南方网。

第二个方面，是企业化管理。

第三个方面改革南方日报营销机构，于是就推行了南方日报自办发行，这个是全国省级党报第一家成功自办发行。

第四个方面就是在内部引进竞争机制，搞竞争上岗。

一、办《南方都市报》“顶住了很大的压力”

南方都市报发展到今天的这个状况，是基于追求经济效益、社会效益促进报业发展的有机结合。创办南方都市报的提议，是刘关张三人喝酒喝出来的。刘陶、关键、张志光，他们在一起议论办南方都市报。刚开始是周末报，没有什么影响，每年亏损很厉害。

到我上任的时候，它还是亏损的。为什么会亏损得那么厉害呢？

事实上，南方日报是赚钱的，就是南方周末，利润也很有限，就是一年赚个一两千万。

南方日报本来是不亏的，但是因为其他的报纸都没有和南方日报分开，所以就好像南方日报也亏一样。在这样的情况之下，我就寻思要找一个新的经济增长点。你不能单看南方周末，它毕竟有限，必须要寻找一个新的经济增长点。那就想到都市报，把都市报改为日报当时有两个目的，一是调整产业结构，南方日报需要一份都市类报纸；更主要的目的是寻找一个新的经济增长点，来扭转南方日报经济怠势，那我就看中了南方都市报，当时没有全国刊号，就把《海外市场报》停了，把这个全国刊号给了南方都市报。

《南方都市报》改版为日报的时候，因为我们还有一份《南方周末》，两份报纸怎么区分呢？我就在周会上讲：“《南方周末》就要大雅，《南方都市报》就要大俗。俗，就是民俗的俗，不是下流的俗。通俗啊，和民众亲近的俗，民多喜闻乐见的俗反正就是这种俗。和南方周末区分开来。”

但是，由周报改为日报一年之后，亏损更厉害。很多人在笑我。我说：“南方都市报将来的利润一定会超过南方周末。”他说：“你做梦。”因为南方周末当时是最好的。结果，第一年亏了几千万，阻力比较大，特别是一些中层干部，说又出了一个“东方神草”，纷纷要求要停刊。具体是谁就不说了，反正你知道的当时压力比较大。

幸好当时我和范以锦意见都是一致的，很坚决，在最困难的时候顶下来了。我给都市报一个宽松的环境，允许第一年大亏，第二年小亏，但第三年必须打平。结果第三年就盈利了。

有时候我跟范以锦一起开会，我就说：“《南方都市报》是刘陶时候播的种，我们时代是浇水、施肥、除虫。到范以锦、杨兴锋时代是收获的季节。”到我浇花的时候，《南方都市报》已经很不错了，到后来就更好了。我们顶住了很大的压力，但首先我们看好都市报的前景，所以我们才那么坚决。

二、组建报业集团

组建报业集团，应该是 1990 年代初就在酝酿了。当时在浙江日报开了一个研讨会，就是研讨组建报业集团的事。当时很牛的，但没有跟踪下去。

后来，广州日报成为全国第一家组建报业集团的报纸。我们是比较吃惊的，为什么选在广州呢？当时反馈回来的消息是：报业集团试点是选择一家市级的报纸，而且必须是自办发行的，这就非广州日报莫属了。广州日报成立集团两年后，就是十五大。那个时候，大家思想非常活跃，十五大召开前，宣传部叫大家开会，就是研讨改革的措施。

于幼军参加十五大回来传达，他说：谁先改革，谁就有优先权。在座谈会上，我第一个发言，就是组建报业集团。

后来拟了一个方案交给中宣部，中宣部经过讨论，决定在广东组建两家：南方、羊城，北京市两家：光明、经济，上海市两家：文汇、解放。定了六家之后，就来参观、考察。我们形成一个报告，上报到省委宣传部，然后省委宣传部就上报中宣部。

经过考察之后，说是同意组建报业集团。新闻出版署就打电话过来："哎，你们的报告怎么还没有送上来？"原来我们光是上报了宣传部，没有上报新闻出版署。后来，我们根据新闻出版署的意见进行修改，传上去。他们就打电话过来，说："你们这个已经很好了，所以你们不要派人来了。"组建报业集团，我们做了很多前期研究工作。

组建报业集团，我们的初衷就是在报社组织一个集团化的产业。

集团化管理有很多好处，在政治上，我们坚持舆论导向，坚持两个规律，一个是新闻规律，一个是市场规律。和其他企业不同，我们还要坚持新闻规律，还要坚持正确的舆论导向。

另一个方面，是管理。我们要资源综合利用。资源综合利用怎么利用？我提出一个明确的界定：综合各种资源的使用，包括人力资源、编辑资源、发行资源各个方面的资源，等等，综合利用，这样才能形成规模。

第三个就是市场化管理。自办发行就是市场化管理。我们还要吸纳社会各种资金，这个也是市场化管理。目的就是要壮大南方报业集团的市场。但是，还有很多问题没有解决。你们看看《南方日报与我》，那里写着南方报业集团组建经过情况。

最后，国务院、新闻出版署在上海开了一个报业集团座谈会，我在座谈会上提出了组建报业集团之后，要逐个问题解决。当时提出的一些问题，到现在还没有解决。就我们而言，实质上组建报业集团最直观、最有效的就是报业集团之后推行报纸自办发行，以及组建了南方日报出版社。

三、自办发行“下决心，担下风险”

《南方日报》当时扩版了，也创办了几份报纸，算是生产、成品方面解决了一些问题，但问题是如何把产品销售出去?

报纸销售，首先是发行渠道的问题。当时，发行渠道主要是靠邮局，邮局他是官办的，所以有好几个弊端。一个是发行时效差。好多地方下午才能看到《南方日报》，有的是第二天甚至第三天才能看到。第二个就是发行覆盖面问题。要做到发行有效，就要在广告源多的地方多发行，广告源少的地方，我们也不是说少发行，而是说多少就多少，不会让它少发行。在广告源多的地方多发行，这个结果做不到。还有一个就是发行费率问题。中央规定，我们的发行费率是25%，一块钱他拿了两毛五。但是邮局自定政策，他说你的25%，是起点那四个版，后边每加一个版，就要加钱，每加一张，就要加七分钱。结果到最后，差不多50%都给邮局了。邮局拿我们那么多，这是很不合理的。

我们跟邮局谈，他们就说你们就自办发行吧。邮局认为我们搞不成，所以他也很硬。后来总算他退了一点，退多少我记不清楚了。我和范以锦和他们坐下来谈，他说我们让了步了，你们是不是以后不搞自办发行了。我说不行，我还要看你以后做得怎么样。我打个比喻，我说就好像我们解放台湾一样，希望和平解放，但是决不放弃武力。台湾问题是这样，我们的发行问题也是这样。我们希望你们做好，但是我们不会放弃自办发行的。

后来，实在不行了，我们决定搞自办发行。省委也支持，于幼军也支持。当时在全国，河南日报也曾搞自办发行。

我们为什么那么坚决呢？是因为看好了自办发行的好处是有很多的。当时总经理钟广明，在茂名日报搞过自办发行，这方面还是比较了解的，我们就下决心，担下风险。

搞自办发行开始时，钟广明说，我们第一次搞自办发行，发行量当时有近八十万份，即使是下降一点也要办。结果试点了之后，不仅没有下降，还在上升。

自办发行有什么好处呢？发行费率本来是50%，现在还不到25%。还有个就是发行覆盖面，我们想在哪里多发行，就在哪里发行。还有时效问题，这个就很见效了，全省所有乡镇当天可以看到南方日报。而且发行额是一两个亿，以前邮局收到全年报费后，才按月给我们一点，那利息就不得了，现在那两个亿一开年就进我们银行账户了。那我们省多少力。自办发行对南方日报各个方面都有提高。

当然，现在发行也有很多问题，发行队伍太庞大了，人也多了，而且南方日报和南方都市报两个发行网络，这样就不能够资源共享了。

报纸办得好不好，跟报纸的发行有密切的关联，和地区也有些关联。以前邮发，我们和读者的直接交流是不多的，因为中间隔了一个邮局。现在我们自办发行，有自己的一个发行网络，我们通过这个网络，知道读者需要什么。这对报纸的可读性、针对性都有好处。

四、办《21 世纪经济报道》

为什么要办《21 世纪经济报道》，我在社委会上提出，为了优化报纸的结构，我们需要办一份财经类的报纸。都市报有了，周末报有了，我们需要办一份财经类的报纸。

财经类报纸怎么办？我在周会上号召大家提方案。我还说，谁提的方案好，我们就采用谁的方案，就要他当总编。我收了十多份怎么办财经类报纸的方案，我很认真地看了，就选了沈灏提出的办《21 世纪经济报道》，后来经过社委会讨论，采用沈灏提出的方案。那我不能食言，既然采用了沈灏提出的方案，就让沈灏来当总编辑。当时处级以下的干部，南方日报有权决定，但是要报宣传部备案。

总编问题解决了，那么办报经营呢？《南方都市报》由周报改版为日报，第一年几千万的亏损，如果 21 世纪还像都市报一样一年几千万，那就不行。在这种情况之下，我们想着要如何接纳社会资金。当时香港好几家跟我们谈，后来我们选择了上海复星。为什么选择复星？因为复星他有自主权，他是民营的。合作的合同，我修改了三次，一句一句地推敲。最后我们两个方面都认可了才签的合同。当时最关键的是两条，一条就是股份的分配问题，他多少，我们多少。还有一个就是我们的管理人员是不是独立的，这两个问题考虑得比较多。

21世纪第一年亏损了几百万，但是按照股份来承担的。他40%，我40%，另外20%是管理人员。南方日报40%已经投入了，复星再投入40%，那我们资金就很雄厚了。所以21世纪没有像南方都市报那样第一年大亏，第二年小亏，第三年盈利，很快第二年第三年就盈利了，他比南方都市报进展还快。现在不是说你每年几千万利润，好像是五六千万吧，那上海人家分了40%，不过人家投资的时候是40%，那当然现在利润也是40%了。

办报纸最重要的是两条，一条是选准总编辑，什么样的总编辑，就会办一份什么样的报纸。这个是最重要的。当然，选好的这个总编辑，必须坚持政治家办报，把握正确舆论导向。第二点就是定位，定位需要经过市场调查，市场需要什么样的报纸，你才办什么报纸，而不是想当然。《21世纪经济报道》除了我讲到的定位，还有一个市场机制，引进外资。

我在制订合同的时候，定了如果有谁要离开报纸，是管理层，就必须把股份退出来。他有那么傻吗？他一年多少钱？具体我不知道，反正是不少。所以这个有利于管理层的稳定。管理层稳定那就好办。后来，省委宣传部是挑了个毛病，他说你南方日报40%，复星40%，这个不对。我说我们40%，管理层20%，那我们不是60%吗？后来，范以锦提议，让复星退出1%，他39%。这样，宣传部通过了。宣传部要负责任，挑你的毛病是应该的。这个问题解决了，所以就认可了。

之所以有勇气和上海复兴在21世纪经济报道搞股份制，一是我们看准了他可以，二是将来的发展趋势也会这样。既然这样，早做晚做都是要做的，那我为什么不早做呢？早做，我成功了，宣传部认可了，中宣部也认可了，21 世纪经济报道也茁壮长大了。

五、启动竞聘上岗

以前报社领导子女很多都安排在报社，这些子女的水平高低不一，结果很难管理。

我上任后就搞了个文件，报社领导层的子女，也包括下边的，如果要进报社，和外面的人，要同等条件优先。搞了这个文件之后，没有一个报社领导层的子女进了报社。

有个报社领导的女儿到现在都没有转正，不知道对我有多大意见，对范以锦也有意见。他来找我，我说没有名额。后来范以锦上台，他又去找范以锦，范以锦讲得更直接："那不行，如果你一搞，我们有多少人？一批人，不止你一个。"所以他就说："范以锦，你比李孟昱还厉害。"他是副总编辑。

为什么搞竞聘上岗，主要考虑到两个因素，一个因素是一些年轻人上不来，另一个是有的人是老兵，有经历有能力，但是思想不一定能跟得上，而且有点老油条。我在位的时候几个部主任都是和我同一个时间进报社的，他除了听我和范以锦的招呼之外，其他人的话不一定听，很难伺候。老的不出去，就会出很多问题，你老是占着这个位置，年轻人上不来，而且一当官，他就不写文章了。坚持写文章的就是刘陶、吴彩章他们还写一点。那些人都很少写了。这种情况之下，怎么发挥南方日报的锐气，发挥南方日报一些人的聪明才智。考虑到这个问题，老兵一直当下去，就不利于报社的发展。后来想到竞聘上岗这招。规定男的 56 岁，女的 51 岁，不再担任领导职务，但他们原来的待遇不变。

这个事情，范以锦还背了黑锅。人家说，范以锦你为老婆制定了这个机制。后来我对别人解释说："为什么定到56岁呢？因为要让印刷厂厂长再干一届。"因为没有像他那样的管理手段，根本管不了印刷厂。所以要他再干一届，如果定到55岁的话，那他没有机会再干。男的56岁的话，女的就必须51岁，这和范以锦根本没有关系。

为了防止在竞争上岗中的不正之风，社委会制订了详尽的实施方案，并予以公布。方案明确，凡领导岗位的竞争，必须经过个人申请、竞争、演讲、群众投票，组织观察几个步骤，最后由社委会确定。而且，每个步骤都必须打分，予以公布。那副主任怎么样呢？由主任组阁，你愿意哪几个人当你的副手，也可以提出愿意在哪个主任手下工作，最后由社委会调节确定。下面的成员想到哪个部门，正副主任想要哪些人当手下，都是"双向选择"。完了以后我们当时考虑有些人可能会好多部门争着要，有一些人哪个部门都不想要。我就希望看到有人哪个部门都不想要。如果这样的话，就让他待岗嘛。

之前和我同一批进来的，他们已经当上了部主任一级。尽管我提出来，你的收入不会减少。他没当主任，职务补贴没有了，总的来说收入还是减少。但是报社给的那一块没有少。

第一年搞了以后，有些人有意见，但是有意见也没有办法，这份方案经过社委会再三讨论。关键是透明度很高嘛，打分数我们都公布的。谁多少分，民意测验多少分，演讲多少分，还有社委会那个分是大头的。如果按照那个分数比例来说呢，还是社委会说了算，不过社委会必须考虑到群众意见的。如果反应很大就不能用这个人，反应比较好的话都采用。这个使整个报社的确上了一批有才干年轻人。

后来第二次竞争上岗也是我在位的时候。我快退休了，我对范以锦讲，竞争上岗时间到了，是我搞了以后退休，还是我退休以后你再搞？范以锦说你搞吧，你搞完再退休。

现在杨兴锋用的那个方案还是我制定的那个方案，一点都没有变，包括年龄线都没有改。

当时只能成功不能失败。我预计到肯定有人有意见。当时报社流传有什么“四大金刚”。实际上多是和我同个学校，同一批来的，都是有业务水平的。我没说话，他们都从领导岗位退居二线了，尽管有意见。事后我们也只能些安抚工作了。

你不能够不情愿，老吃老本不行。现在我们的报纸也是年轻人的报纸。当时也是下了决心。我在任的时候，每一年都要干一件有意义的事情。

后来有什么弊端的话，也可能是透明度不够。那个时候比较民主的。因为领导机构只有社委会，社委会就是党委嘛。不像现在又董事会又党委又社委。那时候社长召集大家开会，开一个会就解决问题了，包括人事问题，我们有分管的社委，由他提出方案来。如果最后定了也要尊重分管社委的意见。那时候分管社委权力很大。比如说刘陶当总编辑，我分管南方周末，当时叫谁当主编，谁不要当主编；尽管都得社委会讨论，但我的意见很关键。那个时候分管社委意见很有分量。我和范以锦包括刘陶在那时候都是分管社委具体负责的。社长、总编辑对下边的情况毕竟不如分管社委了解。

六、要敢于说明、要接受批评

无论是组建报业集团、自办发行，这些都是报社尽快实现产业化经营的需要。我们的报纸跟外省比较，还是比较开放。

宣传部有两条是抓得比较严，第一条就是舆论导向，宣传部每个月都有茶话会，新闻单位的领导，在那里一边喝茶一边谈工作。南方日报首先是被批评的重点对象，每次都是。我该解释的解释，不能解释的虚心接受批评，也不存在虚心接受，周会上，反正我也是骂人骂得不少。在这个问题上你不能够太过宽容的，该批评就得批评。

使用干部，包括编辑人员，除了爱护干部，允许他犯错误，你不能够因为他出了一点问题就撤职。如果上边下了命令要撤，那我就没办法。如果其他的，我一般提出扣多少奖金。到底有没有扣我根本不管，反正我提出来了。但是扣不扣，是下边的事情。

有些事我们确实有问题，有些是误会，一些领导确实不了解地方报纸的情况，所以该说明的要说明。

上级的有些安排，如果有意见的话，也要说明。

作为第一把手，人选选得不对就很麻烦。所以你要敢于说明情况、敢于接受批评。

我当社长，没有时间管具体的编辑工作，编辑我是基本上不管。我对范以锦说，你有解决不了的问题才找我。就像两夫妇，老婆对老公说，大事你说了算小事我说了算，其实一辈子都没有大事。编辑工作我不怎么过问，但大的方向我会把握，我才有时间考虑其他的事情。

南方网成立的时候，他们想在外面租一层楼，那层楼大概每年租金约 2000 万。我不同意，我就说我会节省这笔钱。

有一次，中央电视台来采访，搞了个专题节目。当时是谈各个报纸的优势，下一步怎么办。

采访的时候是一回事，到播出的时候就变了，搞得我比较被动。发行啊广告啊，要排的话广州日报第一，羊城晚报第二，我们是排老三的啊。当时压力很大。我也没有看，别人看了告诉我的。采访时我谈的积极的方面，被删掉了，剩下的都是什么困难，都是党报面临的问题。

当时广州日报确实是发展得比较快。有一次，老干部开会的时候，我就说了我的观点，有些报纸经济效益很好，和它的领导层水平有关系，但和它所处的地域也有关系。广州日报主要在广州市，广州日报的广告 80% 都在广州市，广告商首选的当然是广州日报，而不是南方日报。这就是我们的劣势。南方日报的广告利润没有那么高，这个并不等于我们报纸办得不好，是和所处的地域有关系。

不过，我们南方日报在广州的发行确实不行，现在也不行。那是市报的优势嘛，有些东西是不可比的。

广告商他要考虑在广州刊登的效益，他当然选广州日报不选南方日报。还有一个事对我刺激很大的，当时，南方日报和广州日报交换报纸，按道理是他一份我们一份。但广州日报发行公司的人提出，以版为交换单位，广州日报多少个版换南方日报多少个版。（那时候我们南方日报八个版嘛），那岂不是我们四份南方日报才能换你一份广州日报。

后来我们下定决心，我们不跟他们交换，自己订。再一个我们要扩大发行，扩大报纸的影响。所以我一上任，就投入两千万给南方日报扩版。

附录：李孟昱：探索 1+1>2 的规模效应

记者：在市场经济条件下，《南方日报》是如何把握正确舆论导向，深化改革，扩大党报的影响力和竞争力的？

李孟昱：竞争给党报的发展带来了机遇，也带来了难度。要更好地发挥党报的舆论主导作用，不断扩大党报的影响力和竞争力，我认为，让那些经济、人才和技术实力比较雄厚的党委机关报组建报业集团，是一条有效的途径。

党报组建报业集团，意味着党报更全面地进入市场参与竞争。组建报业集团是要通过集团化的发展，扩大党报的影响力，增强党报的经济实力，确保党报在新闻宣传中的主导地位。南方日报组建报业集团后，至少有三个方面的优势：

一、集团化管理有利于新闻改革的深化，有利于新闻结构的优化，有利于最大限度提高党报在社会上的影响力和竞争力，使党报无形资产增值；

二、组建报业集团后，真正按照市场经济的规律，对管理体制、运行机制和资产资源配置作根本的改革，真正实行了企业化管理；

三、组建报业集团使报社产业结构、所有制结构更加完善，培育了新的经济增长点，形成规模效应，实现产业化经营，取得了更大的经济效益。

记者：您认为衡量一个报业集团是否成功的标准是什么？南方日报报业集团又是如何通过改革内部管理体制和运行机制，使报业集团在获得良好社会效益的前提下，取得可观的经济效益的？

李孟昱：衡量党报组建的报业集团是否成功，我们认为，首先要看党报的整体质量是否提高，党报在社会上的影响力、竞争力是否增强了，党报在舆论传播领域的优势和主导地位是否巩固，就实践而言，主要从以下几方面，提高自身的竞争力：

一、以办好报纸为集团的根本任务，把握正确的舆论导向，在新闻改革方面取得实质性的突破。

我们在组建报业集团过程中，就确立了具体的指导思想，即以邓小平理论为指针，坚持社会主义意识形态工作的原则，遵循新闻工作自身的规律和市场经济的规律，解放思想，更新观念，抓住机遇，开拓进取，集中精力办好报纸，把《南方日报》及其系列报办成既坚持党性原则、坚持实事求是、坚持正确的舆论导向，又生动活泼、群众喜闻乐见的报纸；报业经济要坚定不移地走质量效益型道路，依靠高质量的报纸，高效益的管理和高新技术，努力实现社会效益和经济效益的统一，增强南方日报社的经济实力和在社会上的影响力、竞争力，更好地发挥《南方日报》作为党和人民喉舌的作用。

我们报道方针上，把坚持团结稳定，鼓劲正面宣传为主与实施必要的舆论监督结合起来，形成了三个“拳头产品”：典型报道、深度报道和批评报道；在报纸改革的指向上，选择权威性、指导性与可读性相结合的路子，把握好党和政府正在解决的问题与老百姓要求解决的问题的结合点；有关党和政府的工作类报道，从群众关注的角度作切入点；寻找政府工作的难点与群众感到困惑之处的交叉点，为群众解惑释疑；在报道的组织上，把深化报道内容与创新报道形式结合起来。一方面大兴调查研究之风，一方面建立和完善激励机制，鼓励大家创新。我们实施了名牌战略，经营一批名牌产品和名牌栏目。特别从加强经济报道人手，加强阶段性的宏观走向、宏观分析报道，使经济报道能够成为各级党委、政府驾驭经济工作的重要思想库。同时，进一步改进文风，提高引导艺术。

二、以现代企业的要求为目标模式，在内部管理体制、运行机制和资源配置的改革上取得实质性的突破。

为适应社会主义市场经济的规律和要求，我们参照国企改革思路，对内部管理体制和运行机制进行改革，构建责权分明、绩效挂钩、管理严格、控制有力的管理体制和运行机制。改革领导体制建立科学、民主、高效的决策指挥机制；改革国有资产管理体制，建立国有资产保值增值机制；改革人事制度，建立优秀人才脱颖而出的机制；改革分配制度，建立收入与贡献挂钩的激励机制；改革财务管理制度，建立科学的财务运行机制；改革发行体制，建立以自办发行为主的市场发行机制；改革后勤管理体制，建立社会化、市场化的后勤保障机制等等，使之尽快形成适应市场经济的运行机制。

三、调整产业结构和所有制结构，推进经济体制和增长方式的根本转变，努力形成规模经济，在产业发展上取得实质性的突破。

我们大力培植和发展与报业有关的广告、发行、印刷、信息、出版五个支柱产业。将来还要逐步考虑将广播、电视作为支柱产业之一。同时，不失时机有选择地进入其他行业，坚持扬长避短的原则，充分利用南方日报社现有的人才、信息、设备、发行网络等资源来培育新的经济增长点。

记者：*在报业集团的建设与发展中，尤其要处理好哪几方面的问题？*

李孟昱：社会主义市场经济条件下的报业集团建设是个新的课题，根据我们的实践，当前报业集团运营必须处理好以下八个方面的关系：

一、正确处理好办报与经营的关系。

报业集团是以报业为主的集团，必须以办报为主，经营为辅。报业集团的主要精力首先要放在办好党报上，而集团的经营亦必须以报纸为依托，以报业为主，兼营其他。

二、正确处理主报与子报的关系。

进一步突出主报的地位，让党报成为整个集团“联合舰队”的“航空母舰”。党报质量的高低，直接关系到整个集团的形象和发展。

三、正确处理发挥优势与适应市场经济发展的关系。

省委机关报要适应市场经济的发展，这是无法回避的事实，问题在于怎样去适应。《南方日报》的优势，就是权威性。当然，权威性必须与可读性相结合，这一优势才能充分发挥出来。因此我们提出：强化权威性，突出新闻性，加强可读性。只有充分发挥自己的优势与特色，才能满足高层次读者群的需要，更好地适应市场经济的蓬勃发展。我们既要发挥自己的优势，又要适应市场经济的发展；不能只讲优势而不讲市场，也不能为了适应市场而舍长取短。

四、正确处理主业经济与多种经营的关系。

发展报业集团经济，首先要精心搞好业主经济，经营好自己的主产品，树立市场品牌，扩大市场份额。这是发展报业集团经济的立身之本。从集团经济发展的战略高度来思考，还必须努力完成以报业为主的多元化经济发展的战略布局。所以，我们除了全力培养集团五大支柱产业外，还要不失时机地进入其他行业，形成非报业经济支柱。

五、正确处理办报与营销的关系。

当前，报业集团营销体系主要包括两大块：一是发行，二是广告。办报与发行、广告是紧密联系、休戚相关的。

报纸发行最重要的在于把发行主动权即生命线掌握在自己手中，最大限度地利用一切可以利用的因素，开通一切可以开通的发行渠道，包括利用邮发渠道。采取多渠道发行，有利于在报纸发行中引进竞争机制。各种渠道在发行中互相取长补短，平等竞争，使报刊发行市场更加规范和完善。

广告收入是报业集团收入的主要来源，而广告收入又与报纸质量、发行工作、广告工作密切相关。因此，广告工作是个系统工程，必须进行综合治理。

六、正确处理报业经营与跨媒体经营的关系。

跨媒体经营，当务之急是迎接“第四媒体”的挑战。当前，以因特网为代表的全球电子信息传播网络迅速崛起，对传统报业形成了巨大的冲击。形成跨媒体、多媒体的新闻信息传播，能够向社会提供全方位的信息服务，形成传播信息的规模效应。同时，能使资源得到更合理的配置，既节约了成本，又扩大了效益。

七、正确处理内部管理战略与外部经营战略的关系。

实施报业集团的产业扩张，有两种战略，一种是内部管理战略，一种是外部经营战略。

内部管理战略，主要是按照市场经济的规律和现代企业制度的要求，理顺内部管理体制和运行机制。

外部经营战略，牵涉面更广，更为复杂，如兼并、收购报刊或非报业企业等。在外部经营战略中，还要考虑逐步从传统的产品经营方式，向资本运营的方式转移。

八、正确处理近期发展与长远目标的关系。

在处理近期发展与长远目标的关系上，一定要在抓近期的发展时不忘长远的目标，又要以长远的眼光来看待近期的发展。当前要脚踏实地尽快建立与完善适应市场经济发展要求的高效有序的管理体制与运行机制。这是报业集团增强综合实力、在竞争中立于不败之地的重要保证。

记者：你们是如何依靠科学技术改造传统报纸和传统报业，迎接高新技术和“第四媒体”电子网络的挑战？

李孟昱：报业集团产业扩张的目的，在于追求 1+1>2 的规模效应。没有规模就没有效益，有了规模也不等于一定有效益。推进产业扩张的关键在于实行两个转变，即经济体制和经济增长方式的根本转变。

实现增长方式的根本转变，其中最重要的方面，就是向高新技术要效益。从 1987 年开始，我们就利用计算机技术对出版技术进行改造，并开发了涵盖报纸的采编、印刷出版、电子出版、卫星传版、在线信息服务为一体的新闻出版综合业务处理系统。这个系统在全国报业处于领先地位，最近获得国家新闻出版署科学技术进步一等奖。蒯门除建立原有的因特网址外，最近又新建了“南方网”，以迎接高新技术和“第四媒体”合翎七战。

能否适应未来信息革命的挑战，对新闻媒体来说是一件关系生死存亡的大事。这对维护彭及的主体地位，维护和扩大我们的广告额度，都有着极为重要的意义。所以，我有桩办好现有纸质传媒的同时，要对信息网络传播、多媒体新闻所产生的巨大冲击和发展机遇给予足够重视，紧紧把握住这衬良业发展的新机遇，尽早确立自身的网上优势。

我们当前至少要在两个方面做好准备：

一是必须加强现行的舆论管理，强化我们在新闻网络的站点建设和宣传力度，提高舆论引导水平和报纸的整体质量。

二是做好市场竞争的准备。我们必须加大改革力度，尽快实现产业化经营，推进集团的经济体制和增长方式的根本转变，努力形成规模经济，不断壮大经济实力。

（原载《中国记者》2000 年第 3 期）

图书在版编目（CIP）数据

薪火相继：南方报业社长总编辑口述史．第二辑／吴自力，曹轲，罗永新编著．-- 北京：经济日报出版社，2017.1

ISBN 978-7-80257-989-7

Ⅰ．①薪… Ⅱ．①吴… ②曹… ③罗…．Ⅲ ①报社—新闻事业史—史料—广东 Ⅳ．① G219.246.5

中国版本图书馆 CIP 数据核字（2016）第 196778 号

薪火相继——南方报业社长总编辑口述史（第二辑）

编　　著	吴自力　曹　轲　罗永新
责任编辑	肖小琴
责任校对	范静泊
出版发行	经济日报出版社
地　　址	北京市西城区白纸坊东街 2 号（邮政编码：100054）
电　　话	010-63584556（编辑部）63588446（发行部）
网　　址	www.edpbook.com.cn
E-mail	edpbook@126.com
经　　销	全国新华书店
印　　刷	北京市凯鑫彩色印刷有限公司
开　　本	710×1000 毫米　16 开
印　　张	7
字　　数	100 千字
版　　次	2017 年 1 月第 1 版
印　　次	2017 年 1 月第 1 次印刷
书　　号	ISBN 978-7-80257-989-7
定　　价	32.00 元